주린아, 주식은 사 모아서
리밸런싱만 하면 되는 거야

주린아, 주식은 사 모아서 리밸런싱만 하면 되는 거야

제이폼(김한겸) 지음

기업
분석

분산
투자

분할 매수와
분할 매도

한국경제신문 *i*

책을 쓰기로 마음먹고 블로그에 포스팅을 했던 것이 2020년 6월 15일이었습니다. 그때는 출판사도 정해지지 않은 상태였고, 어떻게 출판을 해야 하는지도 몰랐습니다. 그럼에도 먼저 제목을 정해놓고, 매일매일 한 페이지씩 쓰기로 계획하고, 실행했습니다. 그러면서 투자에 관한 내용을 영상으로 만들어 유튜브에도 올리기 시작했고, 이것이 계기가 되어 책을 써볼 생각이 있는지 제안이 들어왔습니다.

"JUST DO IT!", 일단 행동을 시작하고, 그 이후에 생각하며 수정해나가는 방식으로 일하고 있는 저의 기준 덕분에 이 책을 출판할 수 있었다는 생각이 듭니다.

'동학개미운동'이라는 이름으로 개인 투자자가 엄청나게 늘어나 있는 지금 상황은 한국 증시에 큰 힘이 되고 있습니다. 혹자들은 아직도 개인 투자자의 큰 도움을 인정하지 않고, 외인과 기관의 투자가 늘어나야 지수의 상승이 나올 것이라는 말을 하고 있습니다. 하지만 저는 완전히 반대의 의견을 가지고 있습니다. 개인, 외인, 기관 투자가 조화롭게 어우러지는 한국 주식 시장이 되어야 건강한 투자 문화가 형성된다고 생각합니다.

요즘은 유튜브나 블로그를 통해 한국 주식 시장뿐만 아니라, 글로벌 주식 시장의 정보까지도 매우 쉽게 습득할 수 있습니다. 점점 더 투자하기 좋은 환경이 되어가고 있고, 정보의 비대칭 현상도 거의 없다고 해도 무방합니다.

'기울어진 운동장'이라고 불리던 한국 주식 시장의 불합리한 제도들도 동학개미들의 노력으로 조금씩 바뀌고 있습니다. 코로나19 바이러스의 영향으로 인한 주식 시장의 하락을 막기 위해 공매도 금지 기간을 늘린다던지, 대주주 요건이 10억 원으로 유지될 수 있었던 밑바탕에는 투자자들의 행동이 있습니다. 저도 그중 한 명이었습니다. 청원에 동참했고, 불합리한 제도에 대한 내용을 블로그에 포스팅했습니다.

저는 앞으로 한국 주식 시장이 더욱 큰 힘을 발휘할 것이라고 예상하고 있습니다. 또한 글로벌 주식 시장을 통해 수익을 얻을 수 있는 기회도 늘어날 것으로 봅니다. 투자자를 둘러싼 환경은 계속해서 좋아지고 있습니다. 그리고 저성장, 저금리가 지속되는 상황이 우리를 투자하지 않으면 안 되는 환경으로 이끌고 있습니다.

그렇다면, 투자를 잘해야 합니다. 투자 습관을 만들어가는 것이 무엇보다 중요하다는 이야기입니다. 초기에 잘못 형성된 습관은 주식 투자를 할 때 평생 고생하게 만듭니다. 반대로 좋은 습관이 형성되면 평생 도움이 됩니다.

이 책을 통해서 좋은 투자 습관이 형성되기를 바랍니다. 단순히 수익률을 올려주고, 좋은 종목을 골라주는 것이 아닙니다. 투자 습관을 통해서 자산을 늘리는 일을 해야 합니다. 돈이 일하는 것을 당연하게 생각하는 마인드가 필요합니다. 이 책에서 계속 반복되는 내용이 있습니다. 너무나도 중요하기 때문에 그렇습니다.

기업 분석, 분산 투자, 분할 매수와 분할 매도

눈으로 확인하면 참으로 쉬운 내용이고, 지키는 것이 어렵지 않게 느껴지는 단어들입니다. 하지만 투자를 해보면 알게 됩니다. 이 3가지를 지켜서 투자하는 것이 얼마나 어려운 것인지 말입니다. 저도 3가지를 지키기 위해 매일매일 생각하고, 직접 입으로 말합니다. 그래야 지켜지기 때문입니다. 생각이 행동으로 이어지지 않는 경우가 많습니다. 반드시 입으로 말하는 습관을 가집시다.

결국, 매일매일 써내려가던 글이 책이 되어 세상에 나오게 되었습니다. 저의 투자 습관을 알려드리기 위해 되도록 쉬운 표현을 사용하려고 노력했습니다. 또한 누구나 쉽게 따라 할 수 있도록 내용을 구성했습니다.

"부디, 자산을 지키시기를 바랍니다."

사람을 만날 때마다 제가 꼭 강조하는 말입니다. 앞으로는 좋은 투자 습관 없이는 자산을 지키기 힘든 시대입니다. 끊임없이 공부하시고, 좋은 투자자가 되기 위해 노력하시기 바랍니다. 저도 투자자의 한 사람으로서 계속 함께 노력해나가겠습니다.

제이폼(김한겸) 올림

차 례

Part 1

투자 습관 만들기

01

준비하기
- 투자는 방법보다 습관이 먼저

건강해지고 싶어서 운동을 하기로 결심한다. 어떤 운동을 할까 생각하며, 자신에게 맞는 운동을 찾기 시작한다. 블로그도 찾아보고, 영상을 참고하기 위해 유튜브도 꼼꼼히 챙겨 본다. 일주일 동안 어떻게 운동해야 할지 계획도 세운다. 운동할 때 필요한 옷과 장비도 인터넷으로 주문해놓는다. 인터넷에 없는 건 주말에 오프라인 매장을 방문해 구입할 예정이다.

"그러고는 운동을 안 한다."

멀리서 찾을 필요도 없습니다. 저부터 늘 이랬던 사람이니까요. 운동 방법을 찾기 전에 운동 습관을 기르는 것이 먼저입니다. 일단 시간을 정하고(제일 중요합니다), 내일부터 그 시간에는 운동 생각만 합니다. 실제로 운동을 시작하지 않아도 됩니다. 운동 방법에 대한 생각은 그 시간에만 합니다. 그 시간에는 다른 것들이 방해할 수 없도록 만듭니다. 그러면서 조금씩 실제로 운동을 시작합니다.

"JUST DO IT!"

이것은 제가 뭔가 결심하면 꼭 거치는 과정이 되었습니다.

"정해진 시간에 꾸준히 한다."

투자도 마찬가지입니다. 투자의 방법을 찾고, 조언을 듣고, 자료를 찾고, 유튜브도 찾아보고…. 하지만 이런 것들보다 먼저 필요한 것이 있습니다.

"투자 습관 기르기"

일단 시간을 정하고, 그때는 다른 어떤 것도 방해하지 못하도록 합니다. 그 시간에만 투자에 관한 모든 일을 처리하고, 적은 금액부터 절약해서 그 돈으로 투자를 시작해봅시다. 적은 금액이라도 꼭 분산 투자합니다. 물론 투자 습관이 길러지면 24시간 투자에 대한 일을 하게 될 것입니다.

기업 분석
분산 투자
분할 매수, 분할 매도

　　이 모든 것들을 습관처럼 하게 될 것입니다.

02

시간과
행동 정하기 1~4주 차

시간 정하기

일주일에 2일 정도가 적당합니다. 매일 하겠다는 무리한 계획
은 지속이 힘들고, 포기하게 만듭니다.

(예) 시간 : 월, 수 저녁 9~10시

행동 정하기

꾸준히 지속할 수 있는 행동을 정합니다. 여기서 가장 중요한
것은 '무엇을 할지'가 아니라 '지속할 수 있는가'입니다. 지속할

수 없는 계획은 포기하게 만들고, 포기의 경험이 쌓이면 새로운 도전을 두려워하게 됩니다. 매우 신중하게 생각해서 지속할 수 있는 행동으로 정해야 합니다.

(예) 월요일 : 투자 관련 서적 읽기

수요일 : 투자 관련 자료 수집(유튜브, 블로그, 카페, 보도자료 등)

1주 차에 정한 시간 외에 생각할 점

정한 시간(예를 들어 월, 수 저녁 9~10시)에 꾸준히 행동할 수 있도록 그 어떤 것도 방해하지 못하는 시간으로 만들어야 합니다. 시간 확보를 위해 다른 스케줄은 변경합니다. 1주 차의 내용을 2, 3, 4주 차까지 지속합니다.

03

절약해서
투자 자금 모으기 5~9주 차

5주 차부터는 1주 차에 세운 계획을 계속해서 실행해나가는 동시에 절약해서 투자 자금을 모읍니다. 이제 투자 자금을 마련하고 투자를 시작해도 됩니다. 하지만 여유 자금을 투자하는 것은 아직 이릅니다. 투자는 절약과 저축이 동반되지 않으면 지속할 수 없습니다. 가장 첫 번째 해야 할 것은 절약이고, 두 번째는 저축입니다. 매월 일정한 소득이 있다면 그 소득에서 일정 부분을 투자 자금으로 활용할 수 있으나, 그마저도 절약과 저축 없이는 지속하기 힘듭니다. 투자에서 가장 중요한 포인트는 계속 강조하고 있지만, 바로 '지속성'이기 때문입니다.

절약해서 저축하는 방법은 이렇습니다. 평소 절약한 금액을 인지만 하지 말고, 즉시 투자 계좌에 입금합니다. 예를 들어 오늘 커피 한 잔을 마시고 싶어서 늘 가던 커피숍에서 4,000원짜리 커피를 주문하기 전, 절약하고 싶은 생각이 들었습니다. 그래서 늘 가던 커피숍보다 저렴한 곳에서 2,000원짜리를 주문합니다. 그러면 2,000원을 절약한 셈입니다. 많은 사람들이 여기서 절약을 마무리하지만 여기서 한 걸음 더 나아가 행동해야 합니다. 바로 2,000원 절약한 금액을 그 자리에서 투자 계좌로 이체하는 것입니다(물론 증권사에 투자 계좌를 만들어야 합니다. 투자 계좌 만들기는 따로 이야기하겠습니다). 절약한 사실을 인지하는 데 그치는 것이 아니라, 절약한 금액을 계좌에 이체함으로써 실제로 절약한 금액을 확인하고, 투자로까지 연결될 수 있는 것입니다! 5주 차 내용은 6, 7, 8, 9주 차까지 지속합니다.

04

기업 고르기 10~14주 차

9주 동안 실제로 투자를 하지 않았지만, 이제부터는 실전 투자를 시작합니다. 절약을 통해 투자 계좌에 자금이 조금 모였을 것입니다. 이때 얼마가 모였는지는 크게 중요하지 않습니다. 투자의 습관, 방법, 지속이 본질이고, 가장 중요합니다. 투자 자금의 크기라는 비본질적인 요소에 주목하지 말 것을 당부합니다. 그럼 이제 투자의 습관은 형성되어가고 있으므로 투자의 방법을 습득하도록 하겠습니다.

<반드시 지켜야 할 투자 방법 3가지>
기업 분석
분산 투자
분할 매수, 분할 매도

이 책을 읽는 동안 이 3가지는 계속 반복될 것입니다. 왜냐하면 투자에서 가장 중요한 3요소기 때문입니다. 첫 번째는 기업을 고르고 분석하는 것입니다. 많은 투자자가 어떤 기업인지도 모른 채 투자를 시작합니다. 흔히 말하는 '카더라 통신'을 통해 누구누구에게서 전해들은 고급 정보(?)를 접하고, 묻지 마 투기를 시작합니다. 물론 수익을 얻을 때도 분명 있겠지만, 그 수익을 경계하고 멀리해야 수익의 확률이 더욱 높아질 수 있다는 것을 기억해둡시다. 아마도 직접 경험하기 전에는 아무리 이야기해도 이해하기 힘들 것으로 보이지만, 다시 한 번 강조해봅니다. 이제 10주 차부터는 기업을 고르고 분석합니다.

05
기업을 고르는
구체적인 방법

> **"멀리서 찾지 마세요.**
> **실사용하는 것을 살펴보면 분명 좋은 기업이 있습니다."**

예를 들면 사용하고 있는 스마트폰은 어느 회사인지, PC에서 문서작성 프로그램은 어떤 것을 쓰고 있는지, 매일 마시는 음료는 어느 기업에서 만든 것인지, 화장품은 어느 회사 제품을 사용하고 있는지, 자동차는 어느 회사 것이고, 내연기관인지 아니면 전기차인지, 수소차인지, 영상으로 교육을 받고 있는지, 해외직구는 어느 사이트를 통해서 하는지, 지금 하고 있는 게임은 어느 회사에서 만든 것인지, 집에 있는 세탁기, 에어컨, 청소기는 어느 회사에서 만든 것인지 등 실사용하고 있는 것들을 살펴보면 분명 좋은 기업이 있습니다. 실사용하고 있는 것들 중에서 투자할 기업을 찾는 것은 가장 쉽고, 확실한 방법입니다.

06

포트폴리오
구성하는 방법

포트폴리오 구성의 핵심은 '분산 투자'입니다.

1. KB금융
2. 신한지주
3. 하나금융지주

예를 들어 이렇게 포트폴리오를 구성했다면, 분산 투자가 아닙니다. 모두 금융 섹터이기 때문입니다. 한 섹터로만 포트폴리오를 구성한다면, 3개의 종목이 같이 상승하고, 같이 하락할 가능성이 매우 큽니다. 분산의 핵심은 섹터를 나누는 것입니다. 한 섹터 내에서의 분산은 의미가 없습니다. 섹터별로 한 종목씩 담아봅시다. 결국은 변동성을 줄이자는 것입니다.

미국의 대표적인 주가지수 S&P500의 섹터를 참고해봅시다.

---

1. TECHNOLOGY(21.48%)
미국을 대표하는 기업들이 다수 포함된 IT관련 섹터

2. HEALTH CARE(14.20%)
의약품 제조업체, 의료 기기 및 장비, 건강보험, 바이오테크 산업군을 포함한 섹터

3. FINANCIALS(13.07%)
미국 대표 은행과 신용 서비스, 투자 회사 등의 산업군을 포함한 섹터

4. CONSUMER DISCRETIONARY(10.19%)
경기에 민감한 자유 소비재 산업군이 포함된 섹터

5. COMMUNICATION SERVICES(10.19%)
FANG(Facebook·Amazon·Netflix·Google) 주식이 포함되어 있는 섹터

6. INDUSTRIALS(9.38%)
항공 및 군수 산업과 관련된 기업들이 포함된 산업재 섹터

7. CONSUMER STAPLES(7.27%)
필수소비재 섹터

8. ENERGY(5.05%)
오일, 가스 등의 에너지 관련 기업으로 이루어진 섹터

9. UTILITIES(3.31%)
전기 및 가스 등을 미국 각 주에 공급하는 기업들이 속해 있는 섹터

10. REAL ESTATE(3.05%)
리츠, 부동산 관련 섹터

11. MATERIALS(2.80%)
소재, 원자재 관련 기업으로 구성된 섹터

이렇게 총 11개의 섹터로 나눌 수 있습니다. 한국 주식 시장에 상장되어 있는 종목들로도 나눌 수 있으며, 미국 주식 시장에 상장되어 있는 종목들에도 적용해서 포트폴리오를 구성할 수 있습니다.

07

종목 매수하는
방법

기업을 고르고, 각 섹터별 종목을 골라 포트폴리오를 구성했다면, 이제는 직접 종목을 매수해봅시다. 절약해서 모인 투자 자금과 매달 발생하는 소득에서 일정 비율을 정해 마련된 투자 자금을 합쳐서 주식 계좌에 입금하고, 매수를 준비합니다. 예를 들어봅시다.

투자 자금이 총 100만 원인 경우

- 삼성전자 4주 20만 원(20% 비중) – TECHNOLOGY
- 카카오 1주 20만 원(20% 비중) – COMMUNICATION SERVICES
- 현대차 1주 20만 원(20% 비중) – CONSUMER DISCRETIONARY
- 셀트리온 1주 20만 원(20% 비중) – HEALTH CARE
- KB금융 5주 20만 원(20% 비중) – FINANCIALS

※ 예시이므로 종목과 가격이 다를 수 있습니다. 종목 추천 또한 아닙니다.

5개의 종목이 서로 상관관계가 적고, 다른 섹터에 있음을 알 수 있습니다. 이렇게 포트폴리오를 구성하는 이유는 리밸런싱을 하기 위해서입니다. 결국 리밸런싱을 하기 위해서 지금까지 달려온 것입니다.

섹터별로 분산 투자되어 있지 않으면, 리밸런싱은 불가능합니다. 또한 기업을 고를 때 섹터를 생각하지 않으면 분산 투자가 되지 않습니다. 그리고 절약해서 투자 자금을 모으지 않으면 투자를 시작조차 할 수 없으니 기업을 고를 수도 없겠죠. 1주 차부터 준비해온 모든 것은 유기적으로 연결되어 있습니다.

종목을 매수할 때도 한 번에 100만 원을 모두 매수하기보다는 천천히 1종목씩 1주씩 매수하는 것을 추천합니다. 투자는 평생 해야 할 일입니다. 급하게 한 종목에 모든 투자 자금을 넣으면 큰 손실로 돌아오는 경우가 많습니다. 이제 리밸런싱하는 방법에 대해서 알아보겠습니다.

08
리밸런싱하는
방법

투자 자금이 총 100만 원일 경우

– 삼성전자 4주 20만 원(20%비중) TECHNOLOGY

– 카카오 1주 20만 원(20%비중) COMMUNICATION SERVICES

– 현대차 1주 20만 원(20%비중) CONSUMER DISCRETIONARY

– 셀트리온 1주 20만 원(20%비중) HEALTH CARE

– KB금융 5주 20만 원(20%비중) FINANCIALS

※ 예시이므로 종목과 가격이 다를 수 있습니다. 종목 추천 또한 아닙니다.

2개월마다 비중을 확인해, 비중이 확대된 것은 부분 매도하고, 비중이 축소된 것의 종목을 매수해 각각의 비중을 20%로 유지하는 것이 리밸런싱입니다. 제 경험상, 코로나19와 같은 대외적

요인으로 모든 자산 가격이 폭락하는 시기에는 리밸런싱이 독이 됩니다. 왜냐하면 리밸런싱은 단순 물 타기의 개념이 아니기 때문입니다. 결국 리밸런싱을 위해서 지금까지 투자 자금을 모으고, 기업을 고르고, 각 섹터별 포트폴리오를 구성했다고 해도 과언이 아닙니다. 앞 단계의 일들이 행해지지 않았다면 리밸런싱은 그저 물 타기에 지나지 않을 것이지만, 앞 단계의 일들이 잘 이루어졌다면 경기의 축소, 확장에 따라 섹터별 비중이 차이 나게 되고, 리밸런싱을 통해 자산을 계속 늘려갈 수 있기 때문입니다. 리밸런싱에 대해서는 뒤에서 자세히 소개하기로 하고, 지금은 방법만을 소개하겠습니다.

종목을 선택하고 매일매일 주식 가격을 확인하는 것도 좋지만, 상당히 피곤한 일입니다. 투자만을 업으로 삼는 전업 투자자라면 시시각각 변하는 주식 가격을 체크하는 일이 당연할 것으로 생각되지만, 생업이 투자가 아닌 사람들이 그런 일을 하는 것은 매우 비효율적이고, 시간 낭비입니다. 많은 분들이 주식 투자는 타이밍이라고 이야기하지만 실상은 그렇지 않습니다. 결국 손실을 입게 하는 것은 '마켓 타이밍(Market Timing)'이라고 불리는 잘못된 투자 습관 때문인 경우가 많습니다. 저는 종목을 선택하고 포트폴리오를 완성한 후에는 주식 가격을 확인하기도 하지만 기업의 소식에 더욱 집중합니다. 내가 선택한 기업에 문제가 없는지, 수익구조는 변화가 없는지, 실적 시즌에는 실적이 잘 나오고 있는지 등을 말입니다.

이렇게 기업 감시와 주식 가격을 확인하고 2개월이 지나면, 리밸런싱을 생각합니다. 반드시 해야 하는 것은 아닙니다. 제 경우에는 한국 주식은 1개월에 1번, 미국 주식은 3개월에 1번, 그 외해외 주식은 1년에 1번 리밸런싱을 합니다. 왜냐하면 한국 주식은 아무래도 대외적인 요인으로 인한 변동성이 클 수밖에 없는제조업 중심의 기업이 많기 때문이고, 미국 주식은 그에 비해변동성이 적기 때문입니다. 그 외 해외 주식은 상대적으로 한국주식과 미국 주식에 비해 비중이 적기 때문에 각각의 리밸런싱주기를 설정했습니다.

그리고 리밸런싱 주기는 제 경험에 의해 지키고 있는 기간이기 때문에 여러분의 경우에는 충분히 시간을 두고 이리저리 리밸런싱을 해보고, 각자에 맞게 진행하기를 바랍니다. 또한 선택한 기업의 실적에 영향이 있을 만큼의 문제가 생겼다고 판단했을 때는 지체하지 말고 결단을 내린 뒤 행동에 옮기기를 바랍니다.

09
종목 매도하는 방법

- 왜 주식을 팔려고 하나요?
- 더 이상 오르지 않을 적정 가격에 도달했나요?
- 정해둔 목표 가격에 도달했나요?
- 순수하게 수익을 실현하고 싶어서인가요?
- 더 이상 손실이 생기는 것을 막기 위해서인가요?
- 시총 계산을 통해 고점에 이르렀다고 판단해서인가요?
- PER, PBR, EPS를 고려한 목표 주가에 도달해서인가요?

제가 생각하는 주식을 팔려고 하는 이유를 적어보았습니다. 모두 좋습니다. 결국 주식 투자라는 것이 매수와 매도를 통해 차익을 얻으려는 행위입니다. 매도하기 전에는 수익률일 뿐이지 실제로 내가 얻은 금전적인 수익은 아닙니다. 그렇다면 결국에는 매수했던 주식의 가격보다 매도하는 주식의 가격이 더 커야 수익을 낼 수 있다는 말입니다.

기업 분석, 분산 투자, 분할 매수와 분할 매도. 투자 습관을 만들고자 이 3가지를 충실히 지켰다면 자기 자신을 믿으세요. 그럼에도 대외·대내적인 요인으로 기업이 힘들어지고 있다면 매도하시기 바랍니다. 단, 분할 매도해야 합니다. 제 매도 시점을 알려드리겠습니다.

- 리밸런싱을 위해 일부 분할 매도
- 목돈이 필요할 때
- 감에 의한 매도(감에 의존해야 할 때가 분명 있습니다)
※ 이외에는 없습니다.

첫 번째와 두 번째는 매우 명확한 근거에 의한 매도기 때문에 많은 고민 없이, 가차없이 매도하면 됩니다. 하지만 세 번째 같은 경우에는 실행하기 전에 한 가지 더 지켜야 할 사항이 있습니다. 주식 투자라는 것은 경험이 쌓이고, 실력이 생기면 분명 감이라는 것이 올 때가 있습니다. 저도 그 감이라는 것이 늘 옳은 선택을 하게 하지는 않지만, 때로는 큰 위기나 큰 수익을 가져다줄 때가 있었습니다. 결국 아무 근거도 없는 감에 의한 매도를 할 시점이 올 텐데, 한 가지 꼭 지켜야 할 사항이 있습니다.

"자신이 생각한 시나리오를 전제한 감에 의한 매도만 진행할 것"

무슨 이야기인가 하면, 주식 투자는 미래의 가치를 할인해서 현재의 가치로 구입하는 행위입니다. 결국 미래의 가치를 예상해야 하는 일이 동반되기 때문에 주식 투자가 어려운 것입니다. 따라서 미래의 일을 한 가지로만 예상하는 것은 매우 위험합니다. 그 예상이 틀렸을 때 전혀 대비가 되지 않기 때문이죠. 그래서 미래의 일을 여러 가지로 예상하는 시나리오를 갖고 있어야 합니다. 예를 들면 이렇습니다.

- 주식 가격이 15% 이상 하락 시 전량 매도 후 추세 관찰
- 주식 가격이 15% 이상 상승 시 10%씩 분할 매도로 수익 실현
- 한국 주식 시장이 하락 추세(모멘텀)일 때 3일 연속 하락 시 분할 매수
- 미국 주식 시장이 상승 추세(모멘텀)일 때 3일 연속 상승 시 분할 매수
※ 예시를 위한 시나리오입니다. 실제로 적용하지 마세요.

이렇게 나만의 시나리오를 갖고 있어야 감에 의한 매도를 할 수 있다고 생각합니다. 그렇지 않고 그저 감이 올 때마다 행동에 옮긴다면, 그에 따른 수익이나 손실도 일정한 패턴이 아닌 중구난방이 되어 투자 습관을 기르는 데 있어 기준을 정하지 못하게 됩니다.

결국 주식은 사고팔아야 수익이 생깁니다. 사고파는 과정 가운데서 경험을 통해, 그리고 때로는 감에 의해 자신만의 기준을 세워갑니다. 그 기준을 지키는 투자를 한다면 실패의 확률은 줄

이고, 성공의 확률은 높일 수 있게 될 것입니다. 참고로 최악의 매도 시점은 다음과 같습니다.

- 주식 가격이 더 떨어질 것 같으니 잠깐 팔았다가 다시 산다.
- 타인에게 지시를 받고 매수와 매도 시점을 결정한다.
- 근거 없는 정보(카더라 통신)를 따라 매도한다.
- 무조건적인, 아무 이유 없는 공포에 의해 매도한다.
- 고점이라는 확신을 갖고 매도한다.

Part 2

수익률을
높이는 노하우

01

기대 수익률
연 20%?

2020년 8월 17일 기준 미국 주식 시장과 한국 주식 시장은 드라마틱한 장세가 이어지고 있습니다. 코로나19로 인한 폭락 이후 5개월 만의 V자 반등을 이뤄냈습니다.

〈자료 1〉 코스피의 V자 반등

〈자료 2〉 3개월간 20% 상승한 나스닥

한국의 코스피는 1,400Pt에서 2,400Pt로, 미국의 나스닥도 3개월 동안 20% 상승했고, 개별 종목으로 보면 3개월 동안 100% 상승한 것(테슬라)도 있습니다.

〈자료 3〉 3개월간 100% 상승한 테슬라

그러다 보니 투자 좀 한다는 분들과의 대화는 매끄럽지 못합니다.

"실질 금리보다 1~2% 정도 더 수익을 얻을 수 있다면, 지수(벤치마크)보다 1~2% 정도 더 수익을 얻을 수 있다면 저는 좋은 투자였다고 말할 수 있습니다."

이렇게 말하는 순간 그분들은 웃음을 터뜨리거나 어이없다는 표정으로 저를 쳐다보십니다. '무슨 4~5% 연 수익률을 갖고 투자한다고 하는 거니?'라는 것이겠죠. 물론 그분들도 2020년 올해 분명히 운이 조금만 따랐다면 연 수익률 30%는 무난히 달성하실 것 같습니다. 그러면 내년에도 그렇게 하시고, 내후년에도 그렇게 하시고, 그다음 해에도 그렇게 하시면 됩니다. 계속 타석에 들어서고, 그때마다 계속 홈런을 치신다면 분명 레전드가 되실 것입니다.

축제를 즐기는 분들에게 찬물을 끼얹는다면 분명 분위기 파악 못하는 사람이겠지만, 저는 축제가 영원할 것이라고 생각하지 않습니다. 뭔가 공포를 조장하고, 폭락을 말하려는 것이 아닙니다. 이제 이 축제의 끝을 준비하고, 다른 축제를 준비하는 시간을 가져야 한다는 말입니다(코로나 바이러스가 축제라는 의미가 아닙니다. 오해하지 마시기 바랍니다. 단순히 V자 반등에 대한 이야기입니다).

'동학개미운동'이라는 이름 아래 많은 분들이 주식 투자를 시작했습니다. 스마트한 개인이 참 많이 늘어난 것 같습니다. 저도 스마트해지기를 바라는 개인의 한 사람이고, 그저 제 한 몸 건사하기도 빠듯한 투자자지만, 부디 이제는 문 앞에서 축제를 즐기면서, 슬슬 다음 축제를 준비하는 시간으로 접어드는 것이 좋을 것 같다는 생각이 듭니다.

기억하세요. 연 수익률 10%를 꾸준히 7.2년만 해내신다면 투자 자금은 2배가 됩니다. 엄청난 투자자가 되는 것입니다.

02

투자의 처음과 끝
'기업 분석'

주식 투자를 결심했다면 가장 먼저 해야 할 일은 투자 자금을 모으는 것이고, 그다음이 기업을 고르는 일입니다. 기업을 고를 때는 앞서 말했듯이 자신이 잘 아는 기업을 선택하는 것이 좋습니다. 그렇다면 기업을 고른 후에 할 일은 무엇일까요? 바로 기업을 분석하는 일입니다. 잘 알고 있는 기업이라도 기업의 재무 상황을 알고 있는 경우는 드물기 때문입니다. 예를 들면, 저는 아이폰을 사용하다가 영업이나 사업을 하는 데 있어서 불편함 때문에 삼성전자 갤럭시로 교체했습니다. 예전에는 몰랐는데, 안드로이드를 기반으로 한 스마트폰의 발전이 엄청나게 진행되어 교체 후에도 전혀 불편함 없이 오히려 좋은 점을 많이 활용하고 있습니다. 이렇게 갤럭시 스마트폰의 매력에 빠졌고, 다

　주린아, 주식은 사 모아서 리밸런싱만 하면 되는 거야

음 스마트폰 교체도 갤럭시로 고려하고 있습니다. 그래서 저는 삼성전자에 투자하기로 마음먹고, 기업 분석을 시작했습니다.

〈자료 4〉 네이버금융에서 삼성전자 검색하기

먼저, 네이버에서 네이버금융(https://finance.naver.com/)을 열고 삼성전자를 검색합니다.

〈자료 5〉 검색 화면

그러면 삼성전자와 삼성전자우가 나오는데, 삼성전자우는 우선주이므로 삼성전자를 선택합니다.

〈자료 6〉 기업개요 클릭

이제 '기업개요'를 클릭해서 선택한 기업이 어떤 일을 하고 있는지 확인합니다. 그리고 종목분석을 선택하고 '포괄손익계산서'를 선택합니다.

　　주린아, 주식은 사 모아서 리밸런싱만 하면 되는 거야

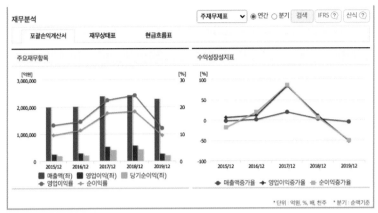

〈자료 7-1〉 종목분석 〉 재무분석 〉 포괄손익계산서

    여기서 매출액과 영업이익, 당기 순이익이 늘고 있는지, 줄고 있는지 체크합니다. 물론 계속 늘고 있는 기업이 돈을 잘 버는 기업이니 선택하는 것이 좋습니다. 하지만 코로나19처럼 대외적인 요인으로 인해서 기업의 이익이 줄어든 것이라면 충분히 고려해서 판단해야 합니다.

항목	2015/12 (IFRS연결)	2016/12 (IFRS연결)	2017/12 (IFRS연결)	2018/12 (IFRS연결)	2019/12 ➕ (IFRS연결)	전년대비 (YoY)
➕ 매출액(수익)	2,006,534.8	2,018,667.5	2,395,753.8	2,437,714.2	2,304,008.8	-5.5
*내수	208,278.2				2,304,009.0	
*수출	1,798,256.6					
➕ 매출원가	1,234,821.2	1,202,777.2	1,292,906.6	1,323,944.1	1,472,395.5	11.2
매출총이익	771,713.6	815,890.3	1,102,847.2	1,113,770.0	831,613.3	-25.3
➕ 판매비와관리비	507,579.2	523,483.6	566,396.8	524,903.4	553,928.2	5.5
영업이익	264,134.4	292,406.7	536,450.4	588,866.7	277,685.1	-52.8
➕ *기타영업손익						
영업이익(발표기준)			536,450.4	588,866.7	277,685.1	-52.8

〈자료 7-2〉 매출액, 매출 총이익, 영업이익 확인

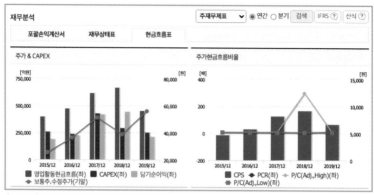

〈자료 8〉 현금흐름표에서 CAPEX 확인

그리고 저는 '현금흐름표'를 클릭해서 CAPEX를 꼭 확인합니다.

CAPEX란?

미래의 이윤 창출이나 가치 취득을 위해 지출된 투자 과정에서의 비용을 말하는 것으로 자본적 지출이라고도 합니다. CAPEX는 기업이 고정 자산을 구매하거나 유효 수명이 당 회계 연도를 초과하는 기존의 고정 자산 투자에 돈이 사용될 때 발생합니다.

CAPEX 투자가 점점 커지는 기업이라면 아마도 기업의 이익을 주주들에게 배당하는 대신 미래의 기업 이익을 위해 투자하는 기업입니다. 배당보다는 성장을 기대하는 기업일 수 있다는 것입니다. CAPEX 투자가 매우 낮은데도 계속 기업의 이익이 늘어나는 기업은 뭔가 기업만의 이윤 창출 도구가 있다는 뜻이므로, 좋은 기업이라고 판단할 수 있습니다. 반면 CAPEX 투자도 늘지 않고, 기업의 이익도 늘지 않거나 CAPEX 투자는 줄어드는데, 기업의 이익도 줄어드는 기업은 미래 가치가 점점 떨어질 가능성이 있다고 봐야 합니다.

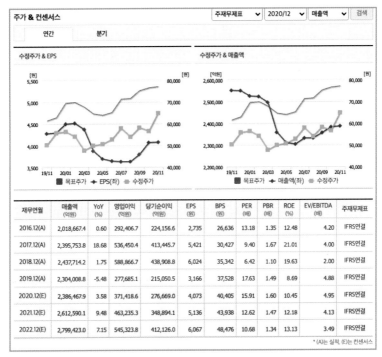

〈자료 9〉 컨센서스 확인

그리고 마지막으로 컨센서스를 꼭 확인하는 것이 좋습니다.

컨센서스란?

공동체 구성원들의 의견에 대한 합의. 또는 그 의견을 말합니다. 즉, 어떤 집단을 구성하는 사람들 간의 일치된 의견을 뜻합니다. 따라서 기업 분석에서 컨센서스는 증권사나 리서치센터에서 내놓는 기업에 대한 의견 혹은 예상치라고 보면 됩니다.

때로는 컨센서스가 나와 있지 않은 기업이 있을 수 있습니다. 그 어떤 증권사나 리서치센터에서도 그 기업에 관심을 두지 않는다는 이야기일 수 있기 때문에 해당 기업의 좋고 나쁨을 떠나서, 초보 시절에는 그런 기업에 투자할 때 더욱 많이 고민해야 합니다.

한국 기업은 네이버 또는 카카오에서 제공하는 증권플러스(스마트폰앱)를 통해서 기업 분석을 하고 있습니다. 미국 기업

〈자료 10〉 크롬을 이용해 한국어로 번역한 야후파이낸스

은 야후파이낸스(https://finance.yahoo.com/) 또는 시킹알파 (https://seekingalpha.com/), 인베스팅닷컴(스마트폰앱) 등을 통해서 기업 분석을 하고 있습니다. 영어가 부담스럽다면 구글 에서 제공하는 크롬을 설치해서 영어번역 기능을 사용하면 됩 니다.

03

돈 되는
분산 투자

- 분산 투자는 어떻게 수익률을 높여줄까요?
- 분산 투자만으로 수익률이 높아질 수 있을까요?
- 분산과 집중의 차이는 무엇인가요?
- 어설픈 분산을 하느니 집중 투자가 낫지 않을까요?
- 분산 투자해도 모두 같이 상승하고 같이 하락하는데요?

왜 이런 질문들이 생길까요? 그 이유는 분산 투자하는 투자 습관이 만들어져 있지 않기 때문입니다. 분산 투자는 1종목에 집중할 투자 자금을 여러 종목에 나눠서 투자하라는 단순한 뜻이 아닙니다. 리밸런싱을 위한 매우 중요한 단계기 때문에 무엇보다 중요한 투자 습관입니다. 분산 투자는 각 섹터별 분산 투

자가 되어 있어야 합니다. 그래야 경기의 순환에 따라 상승하는 섹터는 비율을 조금 줄이고, 하락하는 섹터는 비율을 조금 늘리는 리밸런싱이 가능해집니다.

다음은 그 유명한 레이달리오의 '올웨더 포트폴리오'입니다.

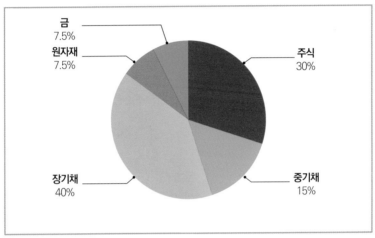

〈자료 11〉 레이달리오의 올웨더 포트폴리오

주식과 채권, 원자재, 금을 적절히 배분해 분산 투자하면 그어떤 경기의 순환에도 견디는 포트폴리오를 만들 수 있다고 해서 붙여진 이름이 '올웨더 포트폴리오'입니다. 분산 투자를 주식 종목에만 적용한 것이 아니라, 전체 금융 자산에 적용한 것입니다. 저도 올웨더 포트폴리오를 활용해 일정 부분 투자하고 있습니다. 모두 미국 주식 시장에 상장되어 있는 ETF(Exchange Traded Fund)로 구성했습니다.

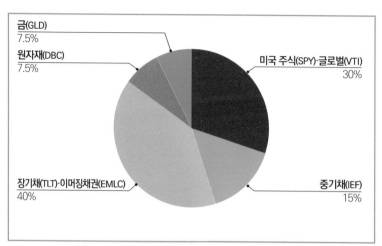

〈자료 12〉 미국 주식 시장 ETF로 구성된 올웨더 포트폴리오

　한국 주식 시장에 상장되어 있는 ETF로도 구성할 수 있습니다. 하지만 추천하지 않는 이유는 국내에 상장된 해외형 ETF는 해외 펀드로 분류되어서, 매매차익에 대해서 배당소득세 15.4%를 내야하고, 수익이 2,000만 원 이상이면 금융종합소득과세가 적용됩니다. 그렇다면 이런 분산 투자가 왜 돈이 될까요?

"변동성을 줄여주기 때문입니다."

　투자에 있어서 변동성은 매우 중요한 부분입니다. 특히나 주식 투자에 있어서 변동성을 줄이는 것은 자주 매매하는 습관을

　주린아, 주식은 사 모아서 리밸런싱만 하면 되는 거야

줄여줄 수 있고, 그렇게 되면 결국 장기 투자가 가능해지기 때문에 시간을 내 편으로 만들 수 있게 됩니다. 잦은 매매와 단기 투자는 자신이 갖고 있는 주식 가격의 변동성이 클 때 매우 자주 일어나는 일입니다. 하지만 그런 습관이 투자 습관에 있어서는 독이고, 손절과 익절을 오가며, 결국 총 투자 자금이 계속 줄어들 수 있습니다.

적은 금액이라도 분산 투자하는 습관을 길러야 합니다. 10만 원을 투자해도 분산 투자를 할 수 있는 방법은 펀드에 투자하는 것입니다. 자세한 것은 뒤에 펀드 투자 노하우에서 알려드리도록 하겠습니다.

04
돈 되는 분할 매수, 분할 매도

기업 분석과 분산 투자가 된 포트폴리오를 구성했다면 리밸 런싱을 통해 총 투자 자금을 계속 늘려갈 수 있을 것입니다. 그 러면 매수와 매도는 어떤 방법으로 해야 할까요? 많은 투자자 들이 매수와 매도의 계획을 세우지 않습니다. 왜냐 하면 매수와 매도가 즉흥적으로 이루어지기 때문입니다. 하지만 이런 투자 습관은 수익을 얻을 수 없는 평생 습관으로 이어집니다. 그러면 결국 우리가

주식 매수 플랜		
종목	KT&G	삼성전자우
비율	80%	20%
투입금액	16,000,000	4,000,000
투입총액	20,000,000	
1주차	2,000,000	500,000
2주차	2,000,000	500,000
3주차	2,000,000	500,000
4주차	2,000,000	500,000
5주차	2,000,000	500,000
6주차	2,000,000	500,000
7주차	2,000,000	500,000
8주차	2,000,000	500,000
투입금액	16,000,000	4,000,000

〈자료 13〉 매수 계획표 예시

목표하는 자산 증식은커녕 손실로 이어질 수밖에 없습니다. 이제는 매수와 매도 시 계획을 세워봅시다.

예를 하나 들어보겠습니다. 저는 주식을 매수할 계획을 세우고 앞의 표처럼 반드시 기록을 남겨두고, 그대로 실행하려고 노력합니다. 무조건 저 계획대로 매수하면 좋겠지만, 주식 시장의 상황도 고려해 유연하게 매수하는 편입니다. 표처럼 매수하면 주식 가격에 상관없이 매수가 가능하고, 하루 종일 주식 호가 창을 보고 있지 않아도 됩니다. 전업 투자자도 아닌데, 주식 가격을 실시간으로 확인하고 있다면 자신의 투자 습관이 잘못된 건 아닌지 검토가 필요합니다.

매도할 때도 마찬가지입니다. 매도의 이유야 여러 가지가 있겠지만, 여기에서는 분할 매도가 주제이므로 그 이유에 대해서는 이야기하지 않도록 하겠습니다.

단가	날짜
50주 매도	
47,300원	2020년 07월 06일
100주 매도	
47,500원	2020년 07월 07일
100주 매도	
46,850원	2020년 07월 14일
100주 매도	
47,450원	2020년 07월 15일
100주 매도	
48,350원	2020년 07월 28일
100주 매도	
49,150원	2020년 07월 28일
100주 매도	
50,000원	2020년 07월 31일
100주 매도	
50,400원	2020년 08월 06일

〈자료 14〉 매도 시점과 가격

제가 직접 삼성전자우 주식 750주를 매도한 것을 기록해놓은 것입니다. 매수는 계획대로 주식 가격에 상관없이 가능하지만 매도는 주식 가격에 조금은 신경 써야 합니다. 표를 보면 알 수 있듯이 만약 2020년 7월 6일에 모두 47,300원으로 매도했다면, 35,475,000원입니다. 2020년 8월 6일에 50,400원으로 매도했다면, 37,800,000원입니다. 언제 매도했느냐에 따라 2,325,000원의 차이가 발생합니다.

하지만 분할 매도를 진행했을 때는 36,335,000원입니다. 2020년 7월 6일~2020년 8월 6일 사이의 최고 매도액인 50,400원으로 750주를 매도했을 때와 1,465,000원 차이가 납니다. 물론 50,400원으로 모두 매도했다면 좋았겠지만 주식 가격을 예측하고 매도하기는 불가능합니다. 그렇다면 분할 매도를 통해 시장의 상황도 보면서 매도를 진행할 수 있고, 한 번에 모든 주식을 매도할 때보다 주식 가격의 상승과 하락에 민감하게 반응하며 매도할 수 있게 됩니다. 다시 한 번 말씀드리지만, 마켓 타이밍은 그 누구도 알 수 없는 영역입니다. 그렇다면 분할 매수와 분할 매도가 투자 습관에 큰 도움이 될 것입니다.

05
돈 되는
리밸런싱

리밸런싱(Rebalancing)이란 쉽게 말해서 분산 투자된 자산의 비중에 변화가 있을 때 다시 원래 비중으로 재조정하는 것을 말합니다. 다시(Re) 균형을 맞춘다(Balance)는 의미입니다. 리밸런싱의 효과 3가지는 다음과 같습니다.

- 시장 분위기에 휩쓸리지 않습니다.
- 리스크는 줄이고, 안정적인 수익을 확보할 수 있습니다.
- 자신만의 기준을 세울 수 있습니다.

일단 분산 투자가 기본이 되어 있어야 합니다. 투자할 수 있는 몇 가지 예는 이렇습니다.

- 주식
- 안전 자산(금, 국채, 기축 통화 등)
- 부동산
- 사업

세 번째, 네 번째는 말 그대로 유동성이 떨어지기 때문에 첫 번째와 두 번째의 비율을 정하고, 리밸런싱을 진행합니다.

- 주식 : 안전 자산의 비율 → 7 : 3
- 주식 비율 → 6(미국) : 4(한국) : 기타(중국, 유럽-비중이 작아서 1% 미만)
- 안전 자산 비율 → 8(채권 펀드) : 2(달러)
※ 예시로 든 비율이므로 참고만 해주세요.

보통 주식은 위험 자산이기 때문에 안전 자산과의 수익률이 반대로 가는 경우가 많습니다. 2020년 08월 12일 기준으로 봤을 때, 코로나19 바이러스의 영향으로 모든 자산 시장이 폭락하는 기현상이 벌어지고 있습니다. 이런 때도 있습니다. 이런 특정한 시기를 제외하고는 위험 자산의 수익률이 올라가서 비중이 늘어나면, 안전 자산의 수익률은 떨어지게 마련입니다. 그럴 때 원래의 7 : 3 비율로 돌아갈 수 있도록 주식을 조금 매도하고, 그 금액을 다시 안전 자산에 재투자하게 됩니다. 이것이 바로 리밸런싱입니다.

Q 리밸런싱의 주기는 얼마인가요?
A 제 주기는 3개월입니다. 추천 주기는 6개월입니다.

Q 저는 투자 자금이 적은데 리밸런싱이나 분산 투자가 의미 있나요?
A 네, 무조건 분산 투자하고 리밸런싱을 하세요. 왜냐하면 100만 원의 월급을 받던 사람이 10만 원도 저축하지 않으면서 1억 원의 월급을 받는다고 1,000만 원을 저축할 수 있을까요? 투자는 습관입니다. 적은 금액이라도 분산 투자하고 리밸런싱하세요.

기업 분석, 분산 투자, 분할 매수와 분할 매도 이 3가지는 제가 생각하는 투자의 기본입니다. 기본이 늘 옳은 것은 아니지만, 위기 상황에서는 기본을 지킨 사람과 지키지 않은 사람의 차이가 어마어마합니다. 투자를 위한 행동에는 기준이 필요하겠죠. 그 기준을 세우는 데 리밸런싱이 큰 역할을 할 것입니다. 부디 적은 금액으로 이리저리 해본 후 확신이 왔을 때 투자 자금을 조금씩 늘려가면서 리스크를 관리하길 바랍니다.

06

오를 때 팔고,
내릴 때 살 수 있을까?

〈자료 15〉 SK바이오팜 주식 차트

요즘 제가 재미있게 투자하고 있는 SK바이오팜의 차트입니다. 상장한 지 얼마 되지 않아서 차트에 대한 분석 자체가 되지 않는 종목입니다(사실 저는 차트를 분석보다는 그저 주가 추이를 보는 데 활용합니다). 그럼에도 많은 분들이 주식 가격에 대한 이야기를 참 많이 하십니다.

"그러면 과연 얼마가 적정 가격인가요?"

저는 주식 가격보다 투자할 기업의 가치를 먼저 생각합니다. 내 돈을 주고 구입하는 기업의 지분이 의미 없는 지분이 되지 않기 위해서죠. 투자라는 것은 그냥 어렵게 생각하지 말고, 말 그대로 '투자'의 의미를 생각해보면 좋습니다. 국어사전을 찾아보면 '투자'란 이익을 얻기 위해서 어떤 일 또는 사업에 자본을 대거나 시간, 정성을 쏟는 것을 말합니다. '자본을 대거나 시간, 정성을 쏟는다'는 것은 결국 주식을 구입해서 우리가 선택한 기업에게 자본을 대는 행위입니다. 주식은 기업에게 직접 사는 것은 아니지만, 누군가 그 행위를 위해 지불하고 받은 주식(권리)을 내가 다시 사는 것이니, 근본적으로는 자본을 대는 행위가 맞습니다(이후 주식 가격이 고평가든 저평가든 이는 일단 논외로 합니다) 자본을 제공했다면 그 기업은 이익을 주주에게 돌려줘야 합니다. 그 방법은 크게 3가지로 볼 수 있습니다.

- 자사주 매입 후 소각
- 배당
- 재투자

투자자는 기업이 이 3가지 행위를 잘하고 있는지 감시해야 합니다. 그렇다면 감시라는 것은 무엇일까요? 마찬가지로 국어사전을 찾아보면 '감시'란 어떤 대상을 통제하기 위해 주의해 지켜보는 것을 말합니다.

자산에 대한 감시도 필요하고, 투자하고 있는 기업에 대한 감시도 필요합니다. 많은 분들이 이런 것들은 놓치고 있는 것이 아닌가 생각해봅니다. 주식 가격이 오를 때 팔고, 내릴 때 산다면 참 행복한 투자 생활이겠죠. 손실을 입을 걱정도 없고요. 그리고 실제로 그렇게 하고 있는 분들도 매우 소수지만, 분명 있습니다. 한 가지 분명히 해둬야 할 점은 실제로 그렇게 하고 있는 분들도 성공률이 100%는 아니라는 것입니다. 우리보다 성공률이 월등히 높을 뿐이지 100% 성공률이라는 건 없죠. 그럼 우리가 해야 할 일은 무엇일까요?

- 기업 분석
- 분산 투자
- 분할 매수, 분할 매도

주식 가격도 분명히 신경 써야 하는 부분이지만 당연한 것이기 때문에 강조하지 않아도 됩니다. 더 중요하게 신경 써야 할 부분은 거듭 강조하고 있지만 이 3가지입니다.

"성공 투자는 100% 확률에 도전하는 것"입니다.

그러기 위해서는 처음부터 100%에 도전하기보다 점점 100%의 확률로 가까워지도록 성공률을 높이는 수밖에 없습니다. 데뷔 첫 타석에서 안타를 기록하고, 바로 은퇴한 선수는 100% 안타를 치고 성공한 10할 타자로 인정하지 않습니다. 하지만 10시즌 연속 30%의 안타를 친 선수는 10시즌 연속 3할 타자로 불리며 사람들도 전설로 인정합니다.

"꾸준히 계속 좋은 성과를 낼 수 있도록 확률을 높여가는 것"이 포인트입니다.

좋은 기업을 고르셨다면, 주식 가격은 너무 신경 쓰지 마세요.

07

너무 올랐는데,
팔았다가 내리면 다시 살까?

한국 시가 총액 1위 기업 삼성전자의 1년 주가 차트를 봅시다.

〈자료 16〉 삼성전자의 주가 차트

주린아, 주식은 사 모아서 리밸런싱만 하면 되는 거야

최고점과 최저점이 표시되어 있습니다. 가장 좋은 투자는 최저점에서 주식을 사고 최고점에서 파는 것이죠. 이것을 의미하는 단어가 있습니다. '마켓 타이밍'입니다. 주식의 가격을 예측해서 매수·매도하는 것을 말합니다. 모든 투자자의 꿈입니다. 꿈이라는 말은 실현 가능성이 낮다는 말이겠죠. 물론 꿈을 이루는 분들도 있습니다. 주식 시장에서 투자는 한 번 하고 끝내는 일이 아닙니다. 그렇기 때문에 습관이라는 것이 중요하고, 자신만의 기준이 필요합니다. 평생 해야 할 투자의 여정에서 마켓 타이밍을 맞추는 경우가 한 번은 오겠죠. 하지만 지속적으로 마켓 타이밍을 맞추는 투자자는 없습니다. 손실을 보지 않는 투자자는 없고, 수익만 얻어내는 투자자도 없습니다.

차트를 보고 최저점과 최고점을 분석하는 것은 매우 쉽습니다. 그 분석이 전혀 쓸모없다는 것이 아닙니다. 쉬운 만큼 누구나 할 수 있는 것이고, 누구나 할 수 있다는 이야기는 투자 습관에 큰 도움이 되지 않는다는 말입니다. 미국 주식 중 테슬라의 차트를 보겠습니다.

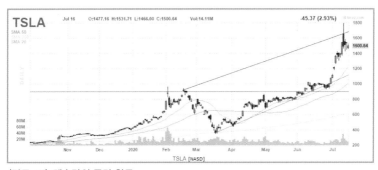

〈자료 17〉 테슬라의 주가 차트

차트만 보면 최고점과 최저점이 명확하죠? 최고점, 최저점 분석은 너무 쉽습니다. 친절하게 차트에 최고점, 최저점 선도 그어 주었네요. 마켓 타이밍을 맞추려는 것이 무의미한 이유는 주가가 앞서 그림같이 움직이기도 하기 때문입니다. 한때 200달러였던 주가가 2,000달러까지 상승했지만, 직선으로 상승하지 않고 상승과 하락을 반복하며 결국엔 2,000달러까지 상승했습니다. 마켓 타이밍을 정확히 맞춘 투자자라면, 자산이 무려 10배가 되었겠죠. 1,000만 원이 1억이 되어 있다는 뜻입니다. 이런 투자를 하지 못했다고 자책한다면, 한 가지만 알고 다른 한 가지는 모르는 것입니다. 언제나 반대급부가 존재함을 알아야 합니다. 1억이 1,000만 원이 되는 투자도 존재한다는 사실입니다.

너무 오른 주식을 팔고, 다시 내려가면 사려고 하는 습관보다 기업 분석, 분산 투자, 분할 매수, 분할 매도를 통한 리밸런싱을 통해 자산을 늘려가길 바랍니다.

08
익절, 손절은
언제 해야 할까?

　수익률이 아무리 높아도 매도하지 않으면 내 돈이 아닙니다. 그리고 손실률이 −15% 이상 되기 시작하면 손실을 만회하기 위해 더 큰 수익을 올려야 합니다. 투자자의 고민은 익절(수익 실현을 위해 매도), 손절(손실을 감내하고 매도)을 언제 해야 하는가입니다. 언제가 익절과 손절의 타이밍일까요?

　경험을 통한 제 결론을 먼저 알려드리겠습니다. 저도 계속해서 수정해가는 부분이라서 참고만 하세요. 이유 없이 따라하는 것만큼 위험한 투자 습관은 없습니다.

■ **익절**
- 회사 내부 문제로 주가가 하루에 10% 이상 하락할 때
  (계속해서 주가가 하락할 가능성이 높다)
- 더 매력적인 투자처가 생겼을 때
- 당기 순이익이 4분기 연속 감소했을 때
  (4분기 연속이라는 것은 1년 내내 순이익이 감소했다는 뜻이다)
- 리밸런싱을 위해 비중 조절이 필요할 때
- 개인적으로 돈이 필요할 때

■ **손절**
- 투자한 이후로 −15% 이상 수익률을 기록할 경우
  (−15% 이상 수익률을 원금으로 회복하기 위해서는 18% 이상 상승해야 한다)
- 회사 내부 문제로 주가가 하루에 10% 이상 하락할 때
  (계속해서 주가가 하락할 가능성이 높다)
- 더 매력적인 투자처가 생겼을 때
- 당기 순이익이 2분기 연속 감소했을 때
  (익절과 달리 손절은 이미 매수 이후로 계속 하락했기 때문에 매수 전부터 이익이 감소했다고 본다. 따라서 2분기 연속 순이익이 감소하면 손절한다)
- 개인적으로 돈이 필요할 때

완벽한 익절과 손절 타이밍은 없습니다. 저도 이렇게 기준을 세우고 실행하고 있지만, 매뉴얼일 뿐 감이 올 때는 감을 따라서 익절, 손절을 할 때도 있습니다. 하지만 기준이 있는 것과 없는 것은 큰 차이가 있습니다. 기준이 없다면 늘 감에 의한 투자를 할 것이고, 기준이 있다면 그것을 지키는 한에서 때로는 감에 의한 투자를 하게 될 것입니다. 자신만의 기준이 매우 중요

합니다. 제 기준을 참고 삼아 꼭 자신만의 익절, 손절 기준을 잡으시기 바랍니다. 투자에 있어서 수익 실현은 매우 중요합니다. 왜냐하면 아무리 오늘의 수익률이 높아도 내일 모두 하락하면 나에게 남는 수익은 하나도 없기 때문입니다. 그래서 주식 투자가 어려운 것입니다.

09
기계적인 매수가
필요할 때

　주식 가격이 오르는 것은 참 좋은 일이고, 기쁜 일입니다. 그러면 이렇게 한번 생각해보세요. 내가 총 100주의 매수 계획을 세우고, 매주 10주씩 매수한다면, 과연 주식 가격이 계속 오르는 것이 좋은 일이고, 기쁜 일일까요? 아마도 아닐 것입니다. 그 반대의 경우도 생길 수 있지만, 그건 그나마 낫습니다. 매주 조금 더 싸게 매수할 수 있으니까요. 하지만 그 경우도 마냥 기쁘지만은 않을 것입니다. 왜냐하면 100주 매수가 종료되고도 계속 하락하는 경우가 있을 수 있으니까요. 그러면 어느 시점에 기계적인 매수가 필요할까요?

외적인 요인으로 주식 가격이 하락했을 때

하락의 원인이 기업의 내적 요인이 아닌 외적 요인일 때, 그때가 바로 기계적인 매수가 필요한 시점입니다. 예를 들면, 이번 코로나 바이러스로 인해서 코스피 지수는 1,400대까지 하락했습니다. 1,400대까지 하락할 때를 기다렸다가 매수를 시작할 수 있을까요? 절대로 그렇게 할 수 없습니다. 수요와 공급이 가격을 결정하는 시장에서는 내가 예상한 가격대로 흘러가는 경우보다 그렇지 않을 경우가 훨씬 더 많기 때문입니다. 그러면 바이러스로 인한 지수의 하락이 시작될 때, 그때부터 기계적인 매수로 접근해야 합니다. 두 가지 경우가 있을 것입니다.

- 내가 계획한 매수 물량보다 주가가 빨리 회복했을 경우
- 내가 계획한 매수 물량을 소진했음에도 주가가 더 하락하는 경우

첫 번째 경우, 저는 즉시 매수를 멈춥니다. 왜냐하면 급반등은 다시 급락이 오는 경우가 많고, 설령 2차 하락이 오지 않는다고 해도, 순차적으로 다시 매수 계획을 세우면 됩니다.

두 번째 경우, 당황하는 분들이 많을 것입니다. 하지만 전혀

당황할 필요가 없습니다. 왜냐하면 애초에 매수 계획 안에는 두 가지 조건이 있습니다.

- 조만간 사용해야 할 계획이 있는 자금은 투입하지 않는다.
- 대출(레버리지)을 일으킨 자금은 투입하지 않는다.

이 두 가지 조건을 지키고 매수를 계획하고 실행했다면, 그 이후에 주가 하락이 계속되어도 기업의 대내적인 문제가 아니었기 때문에 결국에는 대외적인 부분이 해결되고 난 후 주식 가격은 회복하게 되어 있습니다. 만약 그렇지 않다면 그 앞 단계인 기업 선택과 분석에서 뭔가 실수가 있었던 것입니다. 코에 걸면 코걸이, 귀에 걸면 귀걸이 식으로 이야기하는 것이 아닙니다. 투자는 실패의 확률을 줄이고, 성공의 확률을 높여가는 것이지, 무조건 성공하는 것이 아닙니다. 따라서 실패했을 때는 어디서 실수가 있었는지 알아보고, 다시는 같은 실수를 반복하지 않는 것이 자신을 발전시킬 수 있습니다.

꼭 기억하세요! 기계적인 매수가 필요한 시점은 "외적인 요인으로 주식 가격이 하락했을 때"입니다. 이미 선택하고 분석이 끝난 기업의 기계적인 매수이지 인기 있는, 흔히 말하는 테마주를 말하는 것이 아닙니다.

10
그때 그 주식,
내가 왜 안 샀을까?

**FOMO(Fear Of Missing Out)는
좋은 기회를 놓치고 싶지 않은 마음을 말합니다.**

투자는 내가 실제로 돈을 투자하고, 그에 따른 수익 또는 손실을 입는 행위입니다. 그렇기 때문에 '만약에'라는 공식이 성립되지 않습니다. 왜냐하면 그것은 결과를 보고 누구나 할 수 있는 공식이기 때문입니다.

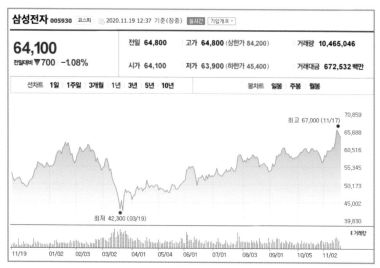

〈자료 18〉 삼성전자의 주가 차트

'내가 2010년에 삼성전자 주식을 샀더라면'이라는 공식은 큰 도움이 되지 않습니다. 또한 FOMO효과 때문에 무작정 상승하고 있는 종목을 선택하고, 큰돈을 투자하는 것도 하지 말아야 하는 행위입니다.

〈자료 19〉 미국 주식 시장 시가 총액 1위 애플의 주식 차트

주린아, 주식은 사 모아서 리밸런싱만 하면 되는 거야

현재 미국 주식 시장 시가 총액 1위는 애플입니다. 2010년에 애플을 보유했더라면, 또는 2020년 9월 31일 주식 분할 시기에 엄청난 주식 가격의 상승을 보면서 FOMO효과 때문에 급하게 주식을 매수했다면, 둘 다 투자 습관의 측면에서는 매우 잘못된 행위입니다. 상승하는 주식을 보면서, 내가 갖고 있는 포트폴리오의 주식이 하락하면 지금이라도 팔고 상승하는 주식에 올라타고 싶은 마음이 생깁니다. 물론 내 포트폴리오의 주식을 매수할 때 기업 분석이나 분산 투자를 고려하지 않았다면, 과감히 매도하는 것도 나쁜 선택은 아닙니다. 하지만 많은 고민 끝에 매수한 기업이라면, 내가 했던 분석을 믿고 잠깐의 하락은 기다릴 줄 알아야 합니다. 실패할 수도 있겠죠. 하지만 그 실패를 통해서 얻게 된 경험이 그다음 기회에서 성공의 확률을 높여줍니다.

저도 여러분과 똑같은 감정을 느끼고, 행동하고 싶습니다. 그럼에도 그렇게 하지 않는 것은 나 자신을 믿기 때문이고, 내가 분석한 팩트를 믿기 때문입니다. 상황이 급변하고, 수요와 공급이 가격을 결정하는 시장에서는 시나리오를 갖고 그에 따라 기계적으로 대응해야 합니다. 그리고 다음 사항들을 꼭 기억하세요!

- 주식 가격이 하락할지라도 나를 믿으세요.
- 상황에 따른 시나리오를 만들어놓고, 거기에 따라 행동하세요.
- 기업에 대한 무조건적인 믿음은 버리세요.
- 언제라도 자신이 틀렸다고 생각할 때는 과감히 행동하세요.

11

한 달에 꼬박꼬박
10%씩 내는 수익

오마하의 현인 워렌 버핏의 연평균 수익률은 20%입니다. 무려 60년 가까이 지속하고 있죠. 여기서 귀 기울여야 할 부분은 60년 동안 계속해서 20%의 수익률을 기록했다는 것입니다. 현재 코로나 바이러스는 계속되고 있지만, 주식 시장은 V자 반등을 그리면서 상승했습니다. 많은 사람들이 30%의 수익률을 어렵지 않게 기록하고 있는 중입니다. 그러다 보니 투자의 현인인 워렌 버핏의 수익률마저 하찮게 여기는 투자자들이 많습니다. 왜냐하면 자신은 몇 달 만에 30%의 수익률을 기록했고, 미국 주식은 사두면 오른다는 근거 없는 믿음이 자리 잡고 있기 때문이죠. 상담을 요청하는 분들 중 한 달에 꼬박꼬박 10%씩 수익을 내고 있는데, 더 높은 수익을 얻을 수 있는 방법을 문의하는 분들이 있습니다. 한 달에 10%면 연평균 수익률 120%가 넘는다는 말입니다. 이런 분은 투자회사에서 모셔가야 할 실력자이죠. 워렌 버핏의 수익률을 바보로 만들어버리는 수익률입니다. 세계 1위의 수익률이라는 것이죠. 그런데도 모자라다고 느낍니다. 왜 그럴까요?

그건 바로 수익을 얻고는 있지만, 이유를 모르기 때문입니다. 매수, 매도만 한다고 해서 수익을 얻을 수 있는 것은 아닙니다. 그건 강세장에서 가능한 일입니다. 이유를 모른 채로 하락장을 맞이한다면 지금까지 얻은 수익은 물론이고, 원금마저 훼손되고, 그래도 계속 무리한 투자를 실행하다보면 결국 투자 자금을 모두 잃게 됩니다.

종목 추천, 매수와 매도 시점을 추천해주는 일을 하고 돈을 받는 유료방에서는 매달도 아닌 매일 3%의 수익률이 가능하다고 광고합니다. 매일 3% 수익률이면, 연평균 900% 이상의 수익률입니다. 실로 엄청난 수익률로 프로 세계에서나 가능한 일입니다. 이런 사람들을 멀리하라는 이유는 단 한 가지입니다. 매일 3%의 수익률을 올릴 수 있는 사람이 왜 사람들에게 돈을 받고, 종목을 추천해주고, 매수, 매도 타이밍을 알려줄까요? 결국 그 사람도 투자로 수익을 얻지 못해서, 저런 일을 하는 것이 아닐까요?

돈을 낸다고 수익률이 상승한다면 누구나 그리했을 것입니다. 투자는 외로운 싸움입니다. 나만이 내 자산을 불릴 수 있습니다. 그 누구도 대신 해주지 않습니다. 꼭 이 말을 명심하시기 바랍니다. 오직 나만이 해야 할 일이고, 나만이 할 수 있는 일입니다. 나만의 기준을 만들고, 투자 기법을 만들어야 하며, 수익을 자랑할 필요도 손실을 부끄러워할 필요도 없습니다. 적은 돈으로 경험을 쌓아야 하며, 점점 투자 자금을 늘려가야 합니다. 타이밍을 생각하기보다는 좋은 기업을 골라, 시간에 투자해야 합니다. 시간이 오래 걸리고, 신경 쓸 일이 한두 가지가 아닙니다. 어렵습니다.

"한 달에 꼬박꼬박 10%씩 수익을 내고 있어요"라고 말하는 분들은 주의하세요. 1회성 수익은 누구에게나 올 수 있는 행운입니다. 그 행운을 유지하고 지속시키는 힘은 실력에 있습니다. 실력을 키우시길 바랍니다.

12

종목 추천해준다는 사람은 멀리하자

투자는 참 외로운 자신과의 싸움입니다. 왜냐하면 내가 투자하려고 하는 기업이 다른 사람에게는 매력적이지 않을 수도 있고, 그 반대의 경우도 많기 때문입니다. 그래서 많은 사람이 모인 곳에서 주식 이야기를 하는 것은 득보다 실이 더 많습니다. 왜냐하면 결국에 큰 소리를 내며 떠들고 있는 사람은 수익을 많이 낸 사람인 경우가 많기 때문입니다. 한 명도 같은 사람이 없고, 투자는 각자 스타일이 달라도 너무 다릅니다.

종목을 추천해주는 행위가 의미 있기 위해서는 그 사람과 나와의 투자 스타일이라든지, 방향이 정확히 일치해야 합니다. 아무런 대가도 받지 않고 종목을 추천해주는 것이라면 그나마 양반입니다. 하지만 종목을 추천해주고, 매수 매도 타이밍을 알려주는 행위 자체로 돈을 요구하며, 아무런 거부감 없이 종목 추천을 받고 돈을 지불합니다.

결국엔 돈을 요구하고 받은 주체는 실제로 그 말을 듣고 투자한 사람이 손실을 입든 말든 아무 상관이 없습니다. 환불을 요구하면 오히려 당당합니다. 왜 이런 일이 벌어지는 걸까요?

투자 습관이 형성되어 있지 않기 때문입니다.

너무도 간단합니다. 살은 빼고 싶은데, 운동은 하기 싫은 사람의 마음과 똑같습니다. 좋은 학교에 입학하고 싶은데, 공부는 하기 싫은 사람의 마음이기도 하겠죠. 달콤한 유혹입니다. 알려주는 종목을 사고, 매도 시점을 알려주면 팔면 됩니다. 수익에 대해서도 그 어떤 수수료도 없습니다. 하지만 제가 늘 이야기하는 것이 빠져 있습니다. 수익이 있다면, 손실도 존재합니다. 큰 수익만 있는 투자는 뭔가 잘못되어 가고 있는 것이 분명합니다. 두가지를 확인해봐야 합니다.

• 큰 수익을 얻는 반면, 투자한 원금의 손실이 더 많지는 않은가?
• 큰 수익이 실제로 존재하는가?

제 지인이 1,000만 원을 투자해 매달 50만 원의 수익을 꼬박 꼬박 통장으로 입금받고 있다며, 제게도 추천해주었습니다. 월 5%의 큰 수익을 얻는 상품이었습니다. 저는 앞서 말한 두 가지를 체크해보라고 했습니다. 전혀 문제가 없다는 답이 돌아왔습니다. 저는 저런 말도 안 되는 고수익 상품을 믿지 않습니다. 왜냐하면 저런 고수익의 상품을 내가 만들었다면, 절대로 다른 사람의 돈을 투자받지 않고, 어떻게든지 내가 크게 대출을 받아 혼자 수익을 얻을 것입니다. 굳이 다른 사람과 함께 나눠가질 이유가 없겠죠. 결국 지인은 5달 동안만 이자를 받고, 원금조차 받지 못했습니다. 750만 원의 손실을 입은 것이죠.

저금리 시대에 접어들자 많은 사람들이 투자 영역으로 자산을 옮기고 있습니다. 부동산이든 주식이든 금융상품이든지 말이죠. 하지만 자신의 자산을 투자하는데, 생판 모르는 사람의 말만 듣고 실행하는 경우가 주위에 참 많습니다. 마치 땅도 보지 않고 일단 부동산 계약부터 해서 잔금까지 치르고, 직접 가보니 그제야 아무 쓸모없는 땅을 산 것을 아는 것처럼 말이죠. 자산이 저절로 늘어나거나 남이 늘려주는 일은 없습니다. 다시 한 번 말합니다. 그런 일은 없습니다.

종목 추천, 유료 리딩방, 심지어는 주식을 양도해서 계좌를 관리해주는 사람 등등 호기심에라도 그런 곳에 들어가지 마세요. 내 자산은 내가 지키고, 불리는 것입니다. 그 누구도 도와주지 않습니다.

Part 3

주식 사는
노하우와 배당금

01
주식은
모아가는 것

    주식을 모아가봅시다. 투자금을 한 번에 모두 투입(몰빵)하거나, 여러 주식을 한 번에 사는 것도 좋습니다. 단, 좋은 기업이어야 하고, 적정 가격보다 싼 가격에 거래되고 있어야 합니다. 저는 이렇게 한 번에 주식을 사게 되면 주식 가격에도 민감하게 되고, 큰 이익도 올 수 있지만, 반드시 생각해야 할 것 중 하나인 큰 손실도 올 수 있다는 것을 알고 있습니다. 그래서 저는 주식투자에서 분할 매수가 상당한 도움을 줄 수 있다고 생각합니다.

- 분할 매수의 방법
- 계획하기
- 스케줄표 만들기
- 꾸준히 모아가기

주식을 사는 데 계획하는 사람이 많지 않습니다. 예수금 얼마 넣어두고, 그저 사고 싶을 때 사는 거죠. 그런데 잘 생각해보세요. 주식을 사는 것은 자산을 늘려가기 위해서인데, 아무런 계획 없이 실행한다면 성공 확률보다 실패 확률이 더 큰 것은 분명합니다. 때로는 무계획 속에서 행운이 올 수도 있습니다(초심자에게는 적은 금액으로 생각보다 자주 오죠). 하지만 제 경험상 그런 행운은 유지되지 못하고, 수익을 실현하고 그대로 그 금액을 다른 곳에 투기하게 됩니다. 투입할 금액을 책정하고, 어떤 종목을 살지 계획되었다면, 스케줄표를 만들어봅시다. 혼자 실행하기 힘들다면 블로그 '가치의 가치'님처럼 함께 모아가는 것도 방법입니다(https://blog.naver.com/aksther/222158804803 참고).

마지막으로 제가 직접 실행했던 한 가지 팁을 드리자면, 2020년도 코로나로 인해 찾아온 하락장에서 저는 일단 2월 3일에 미국 주식의 50%를 수익 실현하고 현금화했습니다(2월 3일 중국 주식은 거의 모든 종목이 -10%를 기록. 참고로 중국 주식의 하한가는 -10%). 그 후 투입 금액과 종목을 선정하고, 그 현금을 은행계좌로 이체하고, 은행에 직접 가서 출금한 후 분할 매수할 주만큼의 금액을 수표로 바꾸었습니다. 그리고 1주마다 수표 1장씩을 꺼내 은행에 가서 현금으로 바꾼 후 매주 일정 금액씩 분할 매수했습니다. 그랬더니 매주 투입 금액을 일정하게 착실히 지킬 수 있었습니다. "뭘 그렇게까지 해야 하나?"라고 할 수도 있겠지만, 저는 저를 압니다. 예수금에 총 투입 금액이 모두 있었다면, 매주 분할 매수의 금액이 크기 때문에 탐욕의 크기도, 행복 회로의 크기도 커지게 될 것이고, 분명 매주 분할 매수 투입 금액을 지키지 않았을 것입니다. 수표로 바꿔놓았기 때문에 반드시 은행에 가야 현금화할 수 있고, 현금화해서 계좌에 넣어놓은 금액을 소진했을 때는 더 이상 매수할 수 없었습니다(굳이 수표로 바꾸지 않아도 은행에 가서 현금으로 바꿔 집에 두었다가 조금씩 입금하는 것도 괜찮겠죠). 투입 금액이 조금 클 때는 이렇게 한번 해보는 것도 방법일 수 있습니다.

　여기까지 글을 읽으면 여러분은 "그래서 당신의 수익률, 총 투자 금액은 어느 정도 됩니까?"라는 질문을 꼭 하게 되실 것입니다. 저는 수익률은 가끔 블로그에 공개하지만 총 투자 금액은 공개하지 않습니다. 왜냐하면 결국 실행할 사람은 그런 것에 상관없이 실행할 것이고, 안 할 사람은 모든 것을 공개해도 안 할 것이기 때문입니다. 그리고 주식 투자라는 것이 계획이 필요하고, 그에 따른 착실한 실행도 중요하지만 결국 감에 의지하게 되는 부분도 상당 부분 있기 때문입니다.

02
일주일에 1주씩
모아가기

저는 현시점에 일주일에 1주씩 모아가는 주식이 2종목 있습니다.

- LG생활건강(우선주) – 728,000원
- 이마트 – 119,000원

아마도 일주일에 1주씩 모아간다는 이야기만 들었을 때는 '장난하는 것 아닌가?'라는 생각이 들었을 수도 있습니다. 하지만 주식 가격을 보면 그럴 수밖에 없다는 생각이 들었을 것 입니다. 그렇습니다. 저렇게 각각 1주씩만 매수해도 80만 원이 넘는 금액입니다. 주급이 100만 원이어도 매수하기 망설여지는 금액입니다. 그런데 저는 어떻게 일주일에 1주씩 모아가고 있을까요? 그것은 바로 수익 실현한 자금이 주식 계좌에 남아 있기 때문입니다. 그러면 이 시점에서 또 한 번 궁금한 부분이 생기시죠? "자금이 되는 한도에서 한 번에 매수하면 되지 않나요?"라고 묻고 싶을 것입니다. 맞습니다. 그렇게 매수하는 분들도 계시고, 그렇게 해야 수익도 크다고 이야기하는 분들도 계십니다. 하지만 저는 그렇게 투자하지 않습니다. 그렇게 한 번에 매수 버튼을 눌러버리고, 주식 가격이 상승한다면, 큰 수익을 얻을 수 있겠죠. 그러나 늘 생각해야 하는 것이 수익이 있는 곳에는 반드시 손실이 있다는 것입니다. 한 번에 매수하고, 주식 가격이 하락한다면 반대로 큰 손실이 시작됩니다.

손실(%)	원금 회복 상승률(%)
10	11.1
15	17.6
25	33.3
33	50
50	100

우리가 과연 어느 정도의 손실까지 감당할 수 있을까요? 저는 15% 이상의 손실은 감당하기 힘든 구간이 시작되는 거라고 생각하고 있습니다. 왜냐하면 원금 회복 상승률이 기하급수적으로 늘어나기 때문에 주식 가격의 엄청난 상승랠리가 나오지 않

는 한 비자발적인 장기 투자가 될 가능성이 높습니다.

결국 일주일에 1주씩 모아가는 계획은 변동성을 줄이는 데 목적이 있습니다. 주식 투자에서 분할 매수와 분할 매도가 얼마나 중요한지 다시 한 번 강조합니다. 주식 시장은 우리 생각대로 흘러가지 않습니다. 수요와 공급이 가격을 결정하는 시장이기 때문이죠. 그렇다면 변동성을 줄이기 위해 나눠 사고, 나눠 파는 수밖에 없습니다. 다음에서 소개할 내용은 하루에 1주씩 모아가는 것입니다. 미리 결론을 말씀드리면, 일주일에 1주씩 모아가기와 하루에 1주씩 모아가기의 차이점은 "주식 가격의 차이"입니다. 다른 이유는 없습니다. 단지 주식 가격의 차이 때문입니다. 일주일에 1주씩 모아가는 금액은 100만 원을 넘지 않도록, 그리고 하루에 1주씩 모아가는 금액은 10만 원을 넘지 않도록 나만의 규칙을 정하고 지키려고 노력합니다. 이렇게 규칙을 정해둬도, 감이 올 때는 지키지 않고, 매수 버튼을 누릅니다. 물론 큰 수익을 얻을 때도 있고, 손실을 볼 때도 있습니다. 하지만 기업 분석이 되지 않은 기업을 감에 의지해서 매수하는 일은 없습니다.

03

하루에 1주씩
모아가기

하루에 1주씩 주식을 사보세요. 저는 지금 삼성전자(우선주) 주식을 하루에 1주씩 사고 있습니다. 이 책이 나올 때까지 보유하고 있을지는 장담하지 못하지만 아마도 보유하고 있을 확률이 큽니다. 하루에 1주씩 살 주식을 결정하는 데 있어서 몇 가지 기준이 있습니다.

> • 수익을 내는 대상이 국내를 포함한 글로벌이어야 한다.
> • 속해 있는 국가에서 시가 총액 5위 안에 포함되어 있어야 한다.
> • 분기배당을 지급해야 한다.

저는 이 기준에 따라서 한국 주식 시장에 속해 있는 삼성전자(우선주)를 선택했습니다. 꼭 한국 시장에 속해 있는 기업뿐만이 아닌 해외 주식도 가능합니다. 예를 들면, 애플이나 마이크로소프트, 평안보험 등이 있겠죠. 애플이나 마이크로소프트 같은 주식을 매일 1주씩 매수하는 것이 부담스럽다면 소수점 단위로 매수할 수 있는 방법을 이용하면 됩니다. 신한금융투자와 한국투자증권에서 이런 서비스를 시행하고 있는데, 물론 서비스를 해주는 비용, 즉 수수료가 직접 1주를 사는 것보다는 비쌉니다. 하지만 매일 1주를 사기 부담스러운 주식 가격이라면 고려해보는 것도 좋은 방법일 것입니다.

또 한 가지 방법은 펀드를 구입하는 것입니다. 매일 정해진 금액을 꾸준히 구입하는 것이 목적이기 때문에 자신이 선택한 종목의 비중이 큰 펀드를 선택해서 구입하면 됩니다. 펀드는 1원부터 구입 가능하기 때문에 접근성이 훨씬 더 좋습니다. 해외 주식이라면 ETF를 이용하는 것도 방법입니다. 또는 한국에 상장되어 있는 ETF 중에서 원하는 국가의 지수를 추종하는 상품을 선택할 수도 있습니다.

- 직접 증권사를 통해서 매수
- 1주의 가격이 커서 부담스럽다면, 소수점 단위로 매수
- 선택한 종목의 비중이 큰 펀드를 매수
- 종목 선택이 아닌 국가를 선택해서 지수를 추종하는 ETF를 매수

다시 제가 하루에 1주씩 모아가고 있는 이야기로 돌아가서 지금 현재 삼성전자(우선주)의 가격이 50,000원이라고 가정하면, 한 달에 주식 시장이 20일 이내로 열리니 하루에 1주씩만 사도 1달에 100만 원의 주식을 구입하는 것입니다. 월 소득을 발생시켜서 모아가기에는 아무래도 부담스러운 금액이죠. 앞에서도 말씀드렸지만, 저는 월 소득 + 수익 실현한 예수금으로 모아가고 있기 때문에 부담이 없는 상황입니다. 여러분의 상황에 맞는 투자 방법을 선택해서 꾸준히 매일 투자해보세요. 반드시 좋은 결과가 있을 것입니다. 수익률만을 이야기하는 것이 아닙니다. 수익을 얻을 수도 있고, 손실이 있을 수도 있겠죠. 제가 말하는 좋은 결과는 자신이 발전할 수 있는 경험이나 수익, 손실에 따른 깨달음 등을 포함한 모든 것을 말하는 것입니다. 꼭 실행해보고, 그 안에서 답을 찾아가길 바랍니다.

04

이런 날은
매수하지 말자

제가 SK바이오팜을 매일 매수하던 시기에 이런 일이 있었습니다.

SK바이오사이언스가 영국계 제약사 아스트라제네카와 신종 코로나 바이러스 감염증(코로나19) 백신 위탁 생산(CMO) 계약 체결!

당시는 코로나 바이러스에 대한 불안이 정점을 찍던 시기였고, 많은 사람이 백신과 치료제를 기다리고 있는 상황이라 주식 투자자들은 과연 어떤 기업이 백신과 치료제를 생산해서 큰 수익을 얻을 수 있을지 많은 관심이 쏟아지던 때였습니다. 그런 시

　주린아, 주식은 사 모아서 리밸런싱만 하면 되는 거야

기에 나온 기사였으니 많은 투자자들이 몰리게 되었습니다. 그래서 다음과 같은 일이 벌어지게 됩니다.

상승률		
코스피		코스닥
SK디스커버리우	35,750 ▲ 30.00% 116,604	8,250
SK케미칼	232,000 ▲ 29.97% 1,231,268	53,500
삼양사우	59,500 ▲ 29.91% 74,467	13,700
SK케미칼우	108,500 ▲ 29.47% 104,039	24,700
SK디스커버리	45,000 ▲ 26.40% 1,674,670	9,400
삼양사	67,200 ▲ 22.40% 434,448	12,300
SK우	261,000 ▲ 21.96% 124,599	47,000

〈자료 20〉 SK 관련주의 상한가 행진

코스피 상한가 종목명 모두에 SK라는 영문이 있습니다. 위의 기사를 접한 투자자들이 모두 매수하기 시작한 것입니다. 물론 제가 매일 1주씩 매수하고 있었던 SK바이오팜도 덩달아 상승하기 시작했죠.

저는 이런 날은 매수하지 않고, 매수세가 줄어들 때까지 기다립니다. 왜냐하면 저것은 실체가 없는 상승이기 때문입니다. SK바이오랜드와 SK바이오팜의 사업은 연관성이 전혀 없으며, SK바이오랜드의 기사 내용이 SK바이오팜의 실적에 아무런 영향도 주지 않는데, 그저 SK라는 이유 하나만으로 주식을 매수하고 싶은 사람들이 몰리는 현상입니다. 이럴 때 더 상승할

〈자료 21〉 8% 이상 상승 중인
SK바이오팜

것 같아서 한 번에 큰 금액을 갑자기 투입하는 경우가 있습니다. 절대로 하지 말아야 할 행동입니다.

이런 시점에는 투자 습관 만들기에서 말했던 시나리오가 꼭 필요합니다. 전혀 예상하지 못했던 시나리오대로 흘러간다면 급한 마음을 잠시 멈추고 시장을 멀리서 봐야 하는 것입니다. 상한가를 가는 종목은 이유가 있습니다. 좋은 이유이기도 하지만 나쁜 이유이기도 합니다. 그것을 판단할 수 있는 것이 실력입니다. 수익을 좇기 이전에 실력을 쌓길 바랍니다. 실력이 쌓인다면 수익을 낼 수 있는 확률이 점점 커지고, 기회를 잡을 수 있는 확률이 커집니다.

05

몰빵
금지

흔히 말하는 '몰빵'이란 내가 갖고 있는 투자 자금을 한 종목에 모두 투자하는 것을 말합니다. 매수하고 잘 상승해준다면 이것보다 훌륭한 투자가 없겠죠. 수익이 극대화될 테니까요. 투자는 자산 가격의 상승만 늘 있는 것은 아닙니다. 반대 급부를 생각해야 합니다. 상승이 있다면, 그 만큼의 하락도 가능한 것이고, 상방은 무한대로 열려 있지만, 하락은 100%가 되면, 내가 가진 투자 자금을 모두 잃어버리는 일이 되니 결국 시장에서 아웃됩니다. 따라서 투자 자금 전부를 한 종목에, 한 순간에 몰빵해버리는 일은 없어야 합니다. 예를 들어 보겠습니다.

삼성전자 005930 코스피 📈 2020.09.09 09:48 기준(장중) 실시간 기업개요 ▾

58,200
전일대비 ▼500 -0.85%

전일 58,700	고가 58,500 (상한가 76,300)	거래량 7,723,890
시가 58,200	저가 57,800 (하한가 41,100)	거래대금 448,910 백만

선차트 1일 | 1주일 | 3개월 | 1년 | 3년 | 5년 | 10년   봉차트 일봉 주봉 월봉

〈자료 22〉 삼성전자의 주봉 차트

    삼성전자의 주봉(한 주의 주가변동을 막대로 나타냄) 차트입니다. 차트를 볼 때는 항상 어느 시점에서 매수하고 매도해야 하는지 한눈에 보입니다. 왜냐하면 결과를 보고 말하기 때문입니다. 제가 운이 좋게도 최저점 42,300원에서 몰빵을 했다고 합시다. 차트상으로는 지금 59,000원 정도 되었겠네요. 큰 수익을 얻었겠죠.

    그러나 최고점 62,800원에서 몰빵을 했다고 하죠. 최저점까지 가는데 2달 정도 걸렸네요. 2달 동안 상승하기도 하고 하락하기도 하면서, 결국에는 고점대비 20,000원이 넘게 빠집니다. 계좌의 수익률은 -30% 이상을 기록하게 됩니다.

    초심자에게 2달 동안 계좌의 수익률이 계속 하락해 -30%를 기록하는 것은 너무나 고통스러운 일입니다. 다시는 주식의 '주' 자도 꺼내지 말자고 다짐할 수도 있습니다. 여유 자금이 아닌 대출을 이용했다면 더욱 고통스러울 것입니다. 인간은 수익의 기쁨보다 손실의 고통이 훨씬 크다고 합니다.

심리학자이자 행동경제학자인 아모스 트버스키와 대니얼 카너먼이 분석한 '손실 회피(Loss Aversion)'라는 개념은 얻은 것의 가치보다 잃어버린 것의 가치를 크게 평가하는 것을 말합니다. 손실 회피에 따르면 100만 원 수익의 기쁨보다 50만 원 손실의 고통이 훨씬 더 크다는 이야기입니다. -30%의 수익률은 견디기 힘듭니다.

몰빵의 위험함은 바로 여기에 있습니다. 투자자의 심리 상태를 급격하게 고통스럽게 만들고 불안하게 만듭니다. 변동성이 큰 주식에 투자를 삼가야 하는 것도 같은 이유입니다. 투자는 심리게임입니다. 내가 선택한 기업에 대한 믿음이 있고, 주가가 하락하지만 기업의 문제가 아닌 대외적인 요인일 때는 견뎌내고, 때로는 더 용기를 내어 추가 매수를 실행해야 돈을 법니다. 안전한 투자는 수익이 그만큼 적습니다. 안전한 투자가 좋지 않다는 말이 아닙니다. 자신을 먼저 돌아보고, 나는 안전한 투자에 적합한지, 공격적 투자에 적합한지 알아야 합니다. 그것을 알기 위해서는 적은 투자 자금을 투입해서 경험을 쌓는 것이 가장 중요합니다. 제발 부탁입니다. 몰빵은 하지 마세요.

06

배당을 주는 주식이
따로 있을까?

네, 따로 있습니다. 배당을 주는 주식을 '배당주'라고 합니다. 배당을 주지 않고, 기업의 수익을 미래의 사업을 위해 재투자하는 주식을 성장주라고 합니다.

- 배당주 : 정해진 시기에 배당을 지급합니다.
- 성장주 : 기업의 이익을 배당하지 않고, 재투자하며 성장을 중요시합니다.
- 가치주 : 성장을 거쳐 안정적인 수익을 낼 수 있는 기업의 주식을 말합니다(수익이 안정적이므로 배당을 하는 경우가 많음).

한국 주식 중에도 배당주가 많습니다. 자세한 내용은 증권정보포털 세이브로(www.seibro.or.kr)에서 확인할 수 있습니다. 주식 〉 배당 정보에 가면 검색도 가능합니다.

〈자료 23〉 세이브로 배당 정보 검색 화면

삼성전자의 분기 배당을 검색해보았습니다. 배당 순위도 검색이 가능합니다.

〈자료 24〉 2019년 배당 순위 검색 화면

배당에서 중요하게 체크해봐야 할 항목을 몇 가지 알려드리겠습니다.

- 보통주, 우선주
- 배당률
- 배당 성향

---

1. 보통주, 우선주

삼성전자와 삼성전자우의 차이점은 주주총회에서 의결권 유무입니다. '우'라고 표시하는 우선주는 의결권이 없습니다. 그리고 아무 표시가 없는 보통주보다 배당금을 조금 더 주는 경우가 많습니다. 그래서 보통주보다 우선주의 주식 가격이 낮은 경우가 많습니다.

2. 배당률

주식 가격과 비교해 어느 정도의 배당을 주는지 체크할 수 있는 지표입니다. 예를 들어 삼성전자의 주식 가격이 5만 원인데, 1년에 배당을 1,000원 준다면 배당률은 2%입니다. 아주 쉽게 설명하면 이자율과 비슷한 개념이라고 보면 됩니다. 하지만 주식 가격은 계속 변동이 있으니 이자율이라고 생각하면 안 되겠죠.

3. 배당 성향

기업의 당기 순이익 중 현금 배당을 지급한 총액의 비율입니다. 예를 들어 1억 원을 벌어 9,000만 원을 배당했다면, 현금 배당 성향은 90%입니다. 이 지표를 중요하게 봐야 하는 이유는 주식 가격에 비해서 배당을 많이 주는 것은 마냥 즐거운 일은 아니기 때문입니다. 왜냐하면 배당을 주다가 현금 흐름이 막혀 오히려 기업의 경영난이 발생할 수 있습니다. 그런 일들을 체크하기 위해 현금 배당 성향을 꼭 체크해야 합니다. 번 돈을 모두 배당에만 쓰는 기업은 조만간 문을 닫겠죠. 현금 배당 성향이 어느 정도 되어야 한다는 정답은 없습니다. 따라서 기업에 대한 분석이 필요하고, 배당을 한다면, 그에 맞는 배당 성향인지 판단해야 합니다.

07

미국 주식으로
매달 받는 배당

한국 주식의 배당 주기는 대부분 1년입니다. 1년에 1회 배당한다는 것이죠. 그중에서도 삼성전자 같은 주식은 분기에 한 번씩, 1년에 총 4회 배당을 합니다. 미국 주식의 대부분은 분기 배당이고, 매월 배당을 주는 주식도 있습니다. 그래서 배당을 받는 포트폴리오를 잘 구성해놓으면, 마치 건물을 사고 월세를 받는 것처럼 매월 배당이 들어옵니다. 예를 들어보겠습니다.

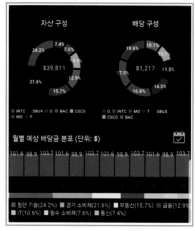

〈자료 25〉 매달 100달러의 배당을 받도록　　〈자료 26〉 포트폴리오 구성 종목
구성한 포트폴리오

　　예시이기 때문에 모든 주식 매수 가격은 10달러로 통일했습니다. 40,000달러 정도로 구성한 포트폴리오입니다. 이 배당 금액은 15%의 배당 소득세를 제외한 금액입니다. 이렇게만 구성해도 매월 100달러 정도의 배당을 꼬박꼬박 받습니다. 물론 기업의 내부 요인이나 바이러스 등의 외부 요인으로 배당을 주지 않거나 줄이는 경우도 있습니다.

- 배당 컷 : 지급하던 배당을 중지
- 배당 삭감 : 배당을 줄여서 지급

　　이런 경우는 기업의 문제가 없는지, 잘 감시해야 하는 신호

이기도 합니다. 결국 배당을 받아서 재투자를 할 수도 있습니다. 월세처럼 매월 받는 경우도 가능합니다. 앞서의 예시는 설명을 위해 임의로 만든 포트폴리오일 뿐입니다. 절대 따라하지 마세요.

08

변동성 높은 장에서 버틸 수 있는 힘
'배당'

2020년 코로나 바이러스의 확산이 시작된 3월부터 주식 시장은 역대급 변동의 시기였습니다. 지수의 5% 상승과 하락은 그리 놀랄 일도 아닙니다. 예를 들어보면, 3월 17일 미국 주식 시장 약 11% 하락, 3월 19일 미국 주식 시장 약 5% 하락, 3월 25일 미국 주식 시장 약 9% 상승, 4월 7일 미국 주식 시장 약 7% 상승했습니다.

그 당시 제 주식 계좌도 역시나 마이너스 수익률을 기록하고 있었습니다. 사람들이 그때 궁금했던 것은 이런 내용이었습니다.

그때 저는 하락의 원인이 바이러스라는 것에 집중해야 한다고 생각했습니다. 그리고 기업 분석, 분산 투자, 분할 매수, 분할 매도로 대응하고 있다면, 자신의 분석과 판단을 믿어야 한다고 생각했습니다. 결국 하락했던 지수는 회복됩니다.

그리고 변동성 높은 장에서 버틸 수 있었던 힘은 배당금이 꾸준히 들어온다는 것이었습니다. 하지만 배당은 확정된 소득이 아니므로 언제든지 배당 삭감, 배당 컷이 있을 수 있습니다. 그래서 특히 배당을 목적으로 고배당, 배당 성향이 높은 종목에 투자할 때는 분석이 필요합니다. 한 가지 기억할 것은 준비된 기업은 어려운 시기에도 배당을 준다는 것입니다. 다음은 2020년 4월 제가 받은 배당금 종목입니다(금액은 비공개합니다).

〈자료 27〉 실제로 받은 배당금의 문자 알림

그리고 2020년 5월 받은 배당금 종목입니다(금액은 비공개합니다).

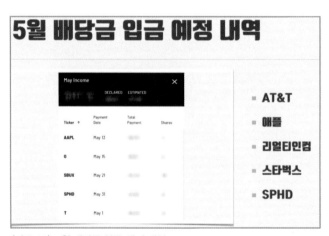

〈자료 28〉 5월 배당금 입금 예정 내역

저는 월 배당금이 100만 원이 되기 전까지는 모든 배당금을 재투자하고 있습니다. 재투자를 통해 좋은 기업의 지분을 또 늘릴 수 있기 때문이죠. 그렇게 지분이 늘어나니 배당금이 또 늘어납니다. 늘어난 배당금을 또 재투자할 수 있고요. 이것이 복리의 마법이 아닐까요?

변동성이 높은 장에서도 버틸 수 있는 힘은 여러 가지가 있지만, 그중에서도 내가 투자한 기업을 잘 분석했다면, 그것을 믿고 기다릴 수 있는 힘이 하나, 주식 가격이 하락함에도 다시 그 기업의 지분을 늘릴 수 있는, 꼬박꼬박 입금되는 배당금은 또 다른 한가지라고 할 수 있습니다. 기억하세요! "자본이 일하게 해야 합니다."

Part 4

주식 시장을
보는 눈

01
주식 시장이
폭락할 때

주식 시장이 우리의 마음대로 흘러간다면 얼마나 좋을까요? 주식 가격이 우리가 예상한 대로만 움직여준다면, 그 누구도 손실을 입지 않고 모든 투자자가 행복한 주식 시장이 될 것입니다. 그렇지만 그런 시장은 존재하지 않으며, 주식 가격 역시 그렇게 되지 않습니다. 주식 시장을 어떻게 보고, 예상해야 하는지 알려드리겠습니다. 그러면 모든 투자자가 두려워하는 주식 시장이 폭락할 때 어떻게 행동해야 하는지 자연스럽게 알게 됩니다.

먼저, 주식 시장을 예상하는 시나리오를 갖고 있어야 합니다. 주식 시장은 모든 것과 연결되어 있습니다. 주식 시장에 참여하고 있는 기업은 우리 삶의 모든 영역에 직간접적으로 영향을 주고 있습니다. 따라서 한국 경제와 미국 경제, 나아가서는 세계 경제가 모두 맞물려 있기 때문에 너무 민감할 필요는 없지만, 어느 정도 관심은 갖고 있어야 합니다. 특히 다음의 3가지는 관심을 두고 지켜봐야 합니다.

- 금리
- 환율(원/달러)
- 미국 주식 시장

3가지가 어떻게 움직이느냐에 따라서 나만의 시나리오를 만들고, 예상하고 있어야 합니다. 그래야 상황이 급변할 때 당황하지 않고, 대응할 수 있습니다. 그렇지 않고 그런 상황마다 임기응변으로 주식을 매도·매수한다면, 좋은 선택을 할 가능성이 줄어듭니다. 결국 우리의 목표인 손실의 확률을 줄이고, 수익의 확률을 높이는 과정이 제대로 작동하지 않게 됩니다. 3~4가지의 상황을 예상하고 그에 따른 행동 시나리오를 갖고 있어야 합니다. 예를 들면 이렇습니다.

- 금리 상승 → 주식 시장 하락이 올 때 수익을 실현
- 환율(원/달러) 하락 → 원화의 강세이므로 투자 자금 확보해 기계적으로 매수
- 미국 주식 시장 상승 → 한국 시장도 상승할 수 있으므로 투자 자금 확보하기

　주린아, 주식은 사 모아서 리밸런싱만 하면 되는 거야

이런 식으로 여러 방향에 대한 시나리오를 갖고 있어야 합니다. 이렇게 시나리오를 갖고 있는 투자자라면 갑자기 주식 시장이 폭락해도 이미 계획해놓은 대로 실행하면 됩니다. 물론 시나리오에 따른 행동이 늘 옳지만은 않습니다. 보완을 위해 시나리오를 꼭 글로 써놓고, 행동 후에 어떤 결과가 있었는지 기록하세요. 결과가 좋다면 왜 좋았는지 알게 되고, 좋지 않았다면 그 이유를 분석할 수 있게 됩니다. 노트를 만들거나 스마트폰에 메모로 남기거나, 블로그를 만들어서 기록해놓는 것을 추천합니다.

02

하락장에서
조심해야 할 것들

하락장에서는 누구나 힘이 듭니다. 계속해서 하락하는 주식 가격을 보면서, 기뻐하고 좋아할 사람은 한 명도 없겠죠. 하지만 결국 하락장에서 살아남는 사람은 하던 일을 묵묵히 해낸 사람들이었습니다. 손실을 입은 분들은 이 기회에 실수를 파악하고, 다시는 똑같은 실수를 반복하지 않기 위해서 자신을 발전시키는 시간을 가져야 합니다. 위기는 늘 누군가에게는 진정 큰 손실이지만, 다른 누군가에게는 큰 수익을 얻을 수 있는 기회라는 것을 명심하시길 바랍니다. 그럼, 하락장에서 조심해야 할 것들을 알려드리겠습니다.

폭락론자

그들은 늘 폭락을 이야기합니다. 왜냐하면 그런 부정적인 이야기는 늘 인기가 많습니다. 그리고 실제로 폭락이 오지 않았을 때, 다행이라며 아무 일 없었다는 듯 미꾸라지처럼 빠져나갈 수 있기 때문입니다. 이때를 틈타 돈을 받고 종목을 추천해주는 유료 카톡방이 기승을 부립니다. 절대 가지 마세요. 남의 돈을 벌어줄 만큼 여유 있고 한가한 사람은 이 세상에 존재하지 않습니다.

묻지 마 투자

하락장이란 말은 주식 가격이 하락하고 있다는 말인데, 다른 말로 하면 엄청난 기회가 될 수 있다는 것입니다. 하지만 모든 사람에게 기회가 되는 것은 아닙니다. 모든 종목이 일제히 하락했다가 한꺼번에 다시 상승하지 않습니다. 어떤 종목은 하락하기만 하고, 결국에는 회복하지 못하는 것도 있습니다. 왜 그런 일이 벌어질까요? 이미 그 기업은 하락하기 전에 하락할 이유를 갖고 있었기 때문입니다. 따라서 이미 기업을 선택해놓고, 투자하고 있던 종목이 아니라면, 하락장에서 투자 자금을 더 투입하는 행위는 하지 말아야 합니다. 많이 하락했다고 해서 다시 상승하지 않습니다. 모르는 기업에 '묻지 마 투자'는 하지 마세요.

마켓 타이밍

'지금 하락하고 있으니 잠깐 팔았다가 다시 살 거야' 또는 '지금 최저점이니 내가 갖고 있는 투자 자금 모두 투입해서 오르기만 기다리면 될 거야'라고 생각합니다. 이 모든 것이 마켓 타이밍을 예상하고 투자하는 행위입니다. 주식 가격이 오르고 내리는 것은 그 누구도 알 수 없습니다. 수요와 공급이 가격을 결정하기 때문이죠. 사고 싶은 사람이 많으면 주식 가격은 올라갈 것이고, 팔고 싶은 사람이 많으면 주식 가격은 내려가게 되어 있습니다. 그 타이밍은 알 수 없습니다.

대출(레버리지)

지금까지 소개한 3가지가 유기적으로 연결됩니다. 알고 계셨나요? 먼저, 폭락론자의 이야기를 듣고 묻지 마 투자를 계획합니다. 지금이 최저점이라고 생각하고 마켓 타이밍을 예상합니다. 하지만 투자 자금이 없죠. 그렇다면 가장 먼저 생각하는 것이 빌린 돈으로 잠깐 투자하고, 주가가 상승하면 바로 갚아야지

하는 것입니다. 이 시기에 레버리지를 일으켜서 투자하는 것은 절대 하지 말아야 합니다. 왜냐하면 마켓 타이밍을 알기도 힘들 뿐 아니라, 레버리지는 이자 비용 이상의 수익률을 올려야 하기 때문에 계속 쫓기듯 투자를 하게 됩니다. 조금이라도 손실을 입으면, 만회하기 위해 더 위험한 투자를 계속하게 됩니다. 결국에는 큰 손실을 입고 주식 시장에서 아웃됩니다. 투자는 빌린 돈으로 하면 안 됩니다.

- 폭락론자
- 묻지 마 투자
- 마켓 타이밍
- 대출(레버리지)

하락장에서는 이 4가지를 꼭 조심하세요. 이 순서대로 유혹이 찾아올 것입니다. 넘어가지 말고, 계속해서 우리가 이야기했던 기업 분석, 분산 투자, 분할 매수, 분할 매도의 기준을 꼭 지켜주세요.

03

실적 발표하는 날,
주식 가격은 오를까?

2020 잠정 영업 이익 8.1조 원은
시장 기대치 6.4조 원을 크게 상회하는 실적

앞서 내용은 2020년 2분기 실적 발표 내용입니다. 기대치는
6.4조 원의 실적이었으나, 그것보다 1.7조원이 더 많은 8.1조원
의 실적을 발표합니다. 그렇다면 저 기업의 주가는 오르는 것이
상식적인 이야기일 것입니다.

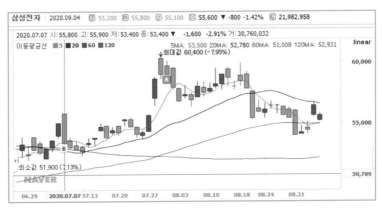

〈자료 29〉 삼성전자의 주가 차트

　이것은 삼성전자의 주가 차트입니다. 7월 7일 잠정 실적 발표 이후 주식 가격은 55,800원에서 시작해서 53,400원으로 마감합니다. 실적이 좋게 발표됐음에도 불구하고 주식 가격이 하락하는 이유는 무엇일까요?

"주식 가격은 미래 가치를 반영하기 때문입니다."

　실적 발표를 예상한 사람들이 이미 삼성전자의 지분을 확보하기 때문에 주가가 오르는 것이고, 실적 발표 후 차익 실현을 하며, 정리하기 때문입니다. 그렇다면 잠시 팔았다가 주가가 떨어지면 다시 사면 될까요? 주식 투자라는 것이 그리도 간단했다면 누구도 손실을 입지 않았을 것입니다. 미리 들어가 있어야 수익을 얻을 수 있고, 좋은 기업을 선택했다면 계속 보유하면서 분할 매수로 대응하는 것을 추천합니다. 마켓 타이밍을 생각하는 투자는 손실을 가져다줄 뿐입니다.

물론 모든 주식이 실적 발표 이후 하락이 있는 것은 아닙니다. 한국 시장과는 다르게 미국 시장의 주식들은 실적 발표에서 예상치보다 높은 실적이 발표되었을 때 그때부터 주식 가격이 크게 오르는 경우도 많습니다. 하지만 한국 시장은 무슨 이유에서인지 좋은 실적을 발표하면 주식 가격은 반대로 하락하는 경우가 많았습니다. 하지만 앞서 삼성전자 차트를 다시 봅시다.

〈자료 30〉 삼성전자의 주가 차트

7월 7일 이후 다시 상승하기 시작해서 7월 29일 최고점 60,400원에 이르게 됩니다. 결국 이것이 무엇을 의미하는지 생각해봅시다. 주식 투자를 7월 7일 하루만 한다면 그 누구보다 빠르게 주식을 매도해야겠죠. 하지만 좋은 기업을 선택했고, 기업에 문제가 없다면 매일의 주식 가격에 크게 업 · 다운될 필요는 없습니다. 실적 발표에 관심을 갖고 결과를 분석하는 실력을 키워야 하는 것은 분명합니다. 하지만 그날의 주식 가격에 크게 부화뇌동하는 일은 없어야 합니다. 마라톤에 참가한다면 초반 100m의 질주보다 자신의 페이스대로 쭉 밀고 나가는 것이 방법입니다. 더욱이 주식 시장은 선착순으로 수익이 결정되는 곳도 아닙니다.

04
미리 들어가 있어야
돈을 번다

많은 투자자들이 기업 분석을 하지 않은 상태로 여기저기서 들려오는 풍문과 보도자료만 갖고 투자합니다. 투자의 뜻을 생각해봅시다.

■ **투자**
- 이익을 얻기 위해 어떤 일이나 사업에 자본을 대거나 시간, 정성을 쏟는 일
- 이익을 얻기 위해 주권, 채권 따위를 구입하는 데 자금을 돌리는 일
- 기업의 공장 기계, 원료, 제품의 재고 따위의 자본재가 해마다 증가하는 부분

첫 번째 의미에서 '시간이나 정성을 쏟음'이라는 대목을 주목해야 할 필요가 있습니다. 우리는 쉽게 투자를 결정하고 실행합

니다. 그것은 투자의 의미에서도 반하는 행동입니다. 이익을 얻기 위해 어떤 일이나 사업에 자본을 대기만 하는 거죠. 그 이전에 시간이나 정성을 쏟지 않습니다. 매수해놓고 매일 주식 가격을 체크하는 일은 정성을 쏟는 것이 아닙니다. 그건 확인하는 것이죠. 그렇다면 언제 투자를 해야 하는 걸까요? 어느 시점에 기업 분석을 마치고 매수를 시작해야 할까요?

기본적으로 마켓 타이밍을 맞출 수 없다는 것은 이 책을 읽으면서 이제 동의하실 것입니다. 매수 시점은 기업 분석이 끝난 후 매수 계획을 세우고 바로입니다. 분할 매수를 통해서 계속 모아갈 것이기 때문에 지금의 주식 가격이 얼마인지, 앞으로 주식 가격이 얼마인지 고려하지 마세요. 매수가 시작되었는데 주식 가격이 계속 오르기만 하면 비싼 가격에 사야 하니까 부담이 될 것입니다. 반대로 주식 가격이 계속 내리기만 하면, 계속 싼 가격에 살 수 있으므로 부담은 적어지지만, 이대로 계속 하락만 하는 것은 아닌가 하는 생각에 불안해질 것입니다. 그러나 이런 심리는 투자에 결코 도움이 되지 않습니다. 결국 좋은 기업의 주식 가격은 우상향합니다.

다음은 매일 신고가를 경신하고 있는 카카오입니다. 127,500원이 최저점이고, 최고점은 그보다 3배 이상 높은 420,500원입니다. 카카오의 기업 분석을 통해 매수 계획을 세우려고 하면, 너무 높아진 주식 가격에 망설여질 수 있겠죠. 하지만 기업 분

<자료 31> 카카오의 주식 가격

석을 통해 계속해서 수익을 창출할 수 있는 부분을 확인했다면, 지금 당장 매수를 시작해야 합니다. 미리 들어가 있어야 돈을 법니다. 미리란 사전적으로 '어떤 일이 생기기 전에 또는 어떤 일을 하기에 앞서'라는 의미를 갖고 있습니다. 즉, 미래의 일을 예상하고 행동하는 것입니다. 미래는 예상하는 것이지 확신할 수 없는 영역입니다. 그렇다면 지금 당장 시작해야 미래 시점이 왔을 때 과거를 생각할 수 있는 것입니다. 조금 어렵고, 철학적인 이야기가 되었을 수도 있겠습니다. 주식 투자라는 것은 할인된 미래 가치를 현재 가치로 구입하는 행위입니다.

> **미래 가치 − 할인 = 현재 가치**

미래 가치는 '예상'이라는 불확실한 단어를 사용해야 하기 때문에 주식 투자가 어렵고 시간이 소요되는 것입니다. 감에 의해 미래를 예상하는 것도 투자에 있어서는 중요한 실력입니다. 그리고 현재 기업의 여러 지표와 펀더멘털(Fundamental)을 갖고 미래 가치를 예상하는 것도 필요합니다. 저는 감에 의한 미래 가치 예상 비중이 지표를 통한 미래 가치 예상의 비중을 넘지 않도록 합니다.

> **감에 의한 미래 가치 예상 ⟨ 펀더멘털을 통한 미래 가치 예상**

기업 분석, 분산 투자가 완료되었다면, 지금 당장 분할 매수를 계획하고 실행하시기 바랍니다. 그래야 돈을 법니다.

05

환율은 떨어지는데, 코스피는 왜 오르나?

원과 달러를 서로 교환하려면 원을 더 많이 줘야 합니다. 그 이유는 달러는 전 세계 어디에서나 환전할 수 있지만, 원은 그보다 어렵기 때문입니다. 미국의 달러는 기축통화입니다. 우리나라 원은 기축통화가 아니죠. 이 차이는 환율로 나타납니다. 환율은 외국인이 우리나라 주식을 사고파는 데 있어 중요한 요소 중 하나입니다.

- **환율이 1달러당 1,200원일 때**
  → 1,200원짜리 한국 주식 1주 매수

- **한국의 수출 증가로 달러 보유가 늘어 환율이 1,100원으로 하락할 경우**
  → 수출 증가로 기업의 수익 상승, 실적 상향에 따라 주가도 상승

- **1,300원으로 주가 상승, 외인들의 차익 실현으로 달러 보유 감소**
  → 외인들의 주식 매도로 주가 하락, 달러 보유 감소로 환율 상승

아주 비약적으로 예를 든 것입니다. 결론을 말씀드리면, 환율이 상승하면 주식 가격이 하락할 가능성이 크고, 반대로 환율이 하락하면, 주식 가격이 상승할 가능성이 큽니다.

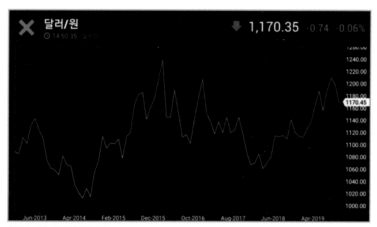

〈자료 32〉 달러/원 환율

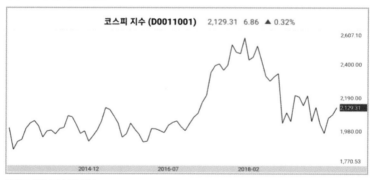

〈자료 33〉 코스피 지수

위의 차트는 환율이고, 아래의 차트는 코스피 지수입니다. 완벽히 반대 포지션을 갖고 있다고 할 수는 없지만, 어느 정도 반대로 흘러가는 것을 볼 수 있습니다. 주식 가격은 엄청나게 많은 정보에 의해서 움직이기 때문에 뭔가 한 가지 때문에 시장이 움직인다고 할 수는 없습니다. 하지만 환율도 상시 지켜보고 있어야 하는 중요한 요소 중 하나입니다. "아니, 무슨 주식 하나 사는 데 이리도 감시해야 할 게 많나요?"라는 의문이 있을 수 있습니다. 그러면 반대로 질문해보겠습니다. 아무 노력 없이 돈을 벌 수 있는 방법이 있습니까? 자산을 늘려가려면, 평생 투자해야 하고, 평생 주식 시장에 연결되어 있는 상황을 감시해야 합니다. 이런 것을 하기 싫고, 돈만 넣어놓고 아무것도 안 하고 수익만 원하는 것은 앞뒤가 안 맞는 이야기입니다. 명심하세요. 주식 시장은 살아있는 생명체와 같습니다. 한 가지 이유로 움직이지도 않지만, 한 가지 이유 때문에 급격히 움직일 수도 있습니다. 하지만 생명체에 바이러스가 들어와도 언젠가는 치유되는 것처럼 주식 시장도 결국 치유됩니다. 우리가 해야 할 일은 좋은 기업을 고르고, 분산 투자하고, 분할 매수, 분할 매도로 대응하고, 시장의 상황을 감시하는 것입니다.

06
미국 주식과 한국 주식의
비율

한국 주식만 투자하는 사람, 미국 주식만 투자하는 사람, 글로 벌 여러 국가에 투자하는 사람이 있습니다. 어떤 것이 맞다고 이 야기할 수 없습니다. 자신에게 최적화된 주식 시장이 있기 때문 입니다. 각 국가마다 주식 시장의 성격이 조금씩 다릅니다. 물론 크기의 차이도 있죠. 그렇다면 저는 어느 정도 비율로 분산 투 자하고 있는지 알려드리겠습니다.

- 미국 70%
- 한국 29%
- 중국 1%

미국의 비중이 가장 큰 이유는 한 장의 그림으로 설명할 수 있을 것 같습니다.

〈자료 34 세계 각국의 주식 시가 총액 크기〉
출처 : 하우머치넷

전 세계 주식 시장의 국가별 시가 총액 비율입니다. 전 세계 주식 시장의 44.33%를 미국이 차지하고 있습니다. 한국은 2.06%를 차지하고 있네요. 이 그림의 비율로만 보자면 미국의 비중을 70%보다 더 크게 가져가고, 한국의 비중은 줄여야 합니다. 하지만 저는 한국의 비중을 30%나 가져가고 있습니다. 그 이유는 한국이 내가 살고 있는 국가이기 때문입니다. 현지에서 피부로 느낄 수 있는 시장의 분위기가 있고, 기업에 대한 정보도 거주할 때 가장 빨리 알 수 있습니다. 기업 분석을 가장 빠르면서 정확하게 할 수 있다는 이야기입니다. 그렇다면 한국의 비중을 늘려야겠죠. 그럼에도 미국의 비중을 70%나 가져가는 이유는 전 세계 시가 총액의 가장 큰 비중을 차지하고 있기 때문입니다. 미국에 투자하지 않고서는 글로벌 경제에 큰 영향을 받는 주식 시장의 수익을 따라가기 힘듭니다. 글로벌 경제가 매우 좋아도 한국 시장은 불황일 수 있지만, 반대 경우는 잘 일어나지 않습니다. 왜냐하면 한국 시장은 수출 중심의 기업으로 좌지우지되는 경우가 많기 때문에 글로벌 경제가 좋아도, 제조업이 불황이라면 한국 시장은 하락합니다. 글로벌 경제가 안 좋을 때는 전 세계가 불황으로 접어들기 때문에 한국 시장은 더 큰 타격을 받습니다. 참 불편하고 안타까운 사실입니다. 결국 글로벌 선두 기업은 거의 미국 시장에 상장되어 있습니다.

요즘은 자국에 상장하기보다는 자금 조달이 훨씬 큰 미국 시장에 상장하는 경우도 많아졌습니다. 알리바바나 텐센트 등은 중국 기업이지만, 미국 주식 시장에 상장되어 있죠. 한국도 글로벌 스탠다드를 갖춘 기업이 많아져서 미국 주식 시장에 상장하는 경우가 생길 것으로 예상됩니다. 따라서 미국 시장과 한국 시장 그리고 그 외 국가 시장에 투자 비율을 적절하게 가져가야 세계 경제에 따라 수익을 얻을 수 있습니다. 세계 경제의 흐름은 각 국가의 경제 흐름보다 상대적으로 느립니다. 그것은 상황에 따라 자산배분을 할 시간이 주어진다는 뜻이겠죠.

저의 국가별 비율을 무작정 따라 하는 것도 좋습니다. 한 가지 기억할 것은 적은 금액으로 충분히 경험을 쌓고, 실패 확률을 충분히 줄일 수 있을 때 큰 금액을 투자해야 한다는 것입니다.

07
준비된 사람에게는 기회,
아닌 사람에게도 기회

2020년 3월은 어떻게 지났는지도 모를 만큼 시간이 빨리 지나갔습니다. 그 당시 저는 월, 금은 아이들과 함께 보내면서 집에서 일을 처리하고, 화, 수, 목은 밖에서 처리해야 할 일을 하고 출근도 했습니다. 이미 저는 사무실 없이, 어디서든 일을 처리할 수 있는 시스템을 만들고 있었기 때문에 그때 불황이 크게 와닿지는 않았습니다. 그 당시에도 크게 느낀 사실이 있습니다.

> **"흐름을 읽어야 한다."**

결국 코로나 바이러스로 인해 세상의 많은 것이 바뀔 것이고,

이미 바뀌고 있습니다. 대면으로 처리하던 일들이 비대면으로, 사무실에서 앉아서 일하던 것들이 재택근무 형태로, 만나서 회의하고 토론했던 일상이 화상회의나 화상모임으로 말입니다. 사실 많은 사람들이 이렇게 비대면, 재택근무, 화상회의를 해오고 있었습니다. 그러한 인프라를 제공하는 기업은 이번 사태를 통해 더욱 알려지고, 큰 수익을 얻고 있습니다. 이미 사무실에 인프라를 구축해놓은 기업들은 큰 문제없이 일을 처리하고 있습니다.

이제, 시대의 흐름은 비대면입니다. 무조건 비대면으로 모든 일을 처리하는 시대가 오는 것이 아니라. 첫 시작은 무조건 비대면이 될 가능성이 큽니다. "무슨 일을 비대면으로 해? 무조건 만나서 해야지!"라는 생각이 철저히 무너지고, 이 상황을 준비하지 않고 계속 옹고집만 부리는 사업자는 점점 고립될 것입니다. 제 사업을 예로 들면 이렇습니다.

1. 보험설계사
2. 증권사
3. 쉐어하우스
4. 스마트스토어(인터넷 판매)

이 4가지 일 모두 첫 시작은 무조건 비대면입니다. 보험이나 증권 일은 카톡으로 상담이 시작됩니다. 원하는 것이 있는 고객이 검색을 하고, 저의 블로그나 유튜브로 유입되면 카톡으로 궁금한 점을 물어봅니다. 거기서 궁금증이 풀리면 상담은 종료되고, 더 깊은 상담을 원하면 유료 상담의 스케줄을 잡습니다.

쉐어하우스의 모집도 페이스북이나 홈페이지 등으로 시작됩니다. 스마트스토어는 말할 필요도 없죠. 한 번도 만나지 않고 상담이 종료되거나, 모집이나 판매가 이루어집니다. 제 핸드폰 번호를 남겨두는 것보다 카톡 1:1 채팅 주소를 남겨두는 것이 문의하는 사람들에게 부담을 덜 줍니다. 왜냐하면 자신의 핸드폰번호가 노출되지 않고, 언제든지 1:1 채팅을 종료하는 키를 상담 신청하는 사람이 쥐고 있기 때문입니다. 이것은 상담을 신청하는 사람만의 특권이 아니라, 상담 신청을 받는 제 입장에서도 시간 단축이 되기 때문에 일석이조입니다.

준비된 사람에게는 기회, 아닌 사람에게도 기회

준비된 사람에게는 사업 확장의 기회가 될 것이고, 아닌 사람에게는 생각의 전환을 일으킬 수 있는 기회가 될 것입니다. 결국 이런 흐름을 읽을 수 있는 사람이 그 흐름에 따라 투자할 종목을 선택할 수 있겠죠. 삶의 모든 영역에서 투자할 수 있는 이유를 찾을 수 있습니다. 더 이상 알지도 못하는 기업에 투자하는 일은 멈추고, 주변을 둘러보면서 그 안에서 투자할 수 있는 통찰력을 얻길 바랍니다.

08

삼성전자 주식 지금 ^{계속} 사도 될까?
(Feat. 동학개미운동)

동학개미운동은 2020년 초 코로나 바이러스 감염증(코로나 19)의 공포로 외국인이 대규모 매도세를 보이자 이에 개인 투자자(개미)가 적극적으로 주식을 사들이면서 주식 시장에 등장한 신조어입니다. 개인 투자자와 외국인의 수급이 엇갈린 모습을 동학농민운동에 비유해 동학개미운동이라 불리게 되었습니다.

아마도 이 책이 세상에 나온 뒤에도 '삼성전자 주식을 살 것인가? 말 것인가?' 하는 질문은 계속되리라고 확신합니다. 왜냐하면 한국 주식 시장에서 시가 총액 부동의 1위이기 때문입니다. 1위라는 것은 쉽게 얻어지는 것이 아니고, 1위를 유지하기 위해서는 더욱 많은 투자와 노력이 필요합니다. 이미 이것만으로도 삼성전자에 투자하는 이유가 확실하지 않은가요?

미스터 캡: 전세계 기업 시가총액 순위				
	IT · 인터넷	국가	시가총액 USD	시가총액 KRW
🍎	애플 🔍	🇺🇸	19003 억달러	2259 조원
⊞	마이크로소프트 🔍	🇺🇸	16079 억달러	1912 조원
a	아마존 🔍	🇺🇸	15865 억달러	1886 조원
G	구글 🔍	🇺🇸	10175 억달러	1210 조원
f	페이스북 🔍	🇺🇸	7647 억달러	909 조원
阿	알리바바 🔍	🇺🇸	7037 억달러	836 조원
◉	텐센트 🔍	🇺🇸	6521 억달러	775 조원
TSMC	TSMC 🔍	🇲🇾	3818 억달러	454 조원
U	삼성전자 🔍	🇰🇷	3232 억달러	384 조원
NVIDIA	엔비디아 🔍	🇺🇸	2755 억달러	327 조원
PayPal	페이팔 🔍	🇺🇸	2330 억달러	277 조원
SAP	SAP 🔍	🇺🇸	2311 억달러	274 조원
N	넷플릭스 🔍	🇺🇸	2181 억달러	259 조원

〈자료 35 전 세계 기업 시가 총액 순위〉　　　　　　출처 : 미스터캡 홈페이지

삼성전자는 전 세계 IT · 인터넷 기업의 시가 총액 순위에서도 무려 9위를 달리고 있습니다.

> **Q** 삼성전자 주식을 지금 사도 될까요?
> **A** 네, 됩니다. 한국 주식 시장 시가 총액 1위, 글로벌 IT·인터넷 기업 시가 총액 9위인데, 무엇을 걱정하시나요?
>
> **Q** 그럼, 사면 무조건 오르나요?
> **A** 글쎄요….

〈자료 36〉 삼성전자의 주가 차트

삼성전자의 차트입니다. 늘 오르기만 한 것은 아님을 알 수 있죠. 상승이 있었지만, 하락도 있었고, 지루한 횡보도 있었습니다. 결국 삼성전자에 투자한다는 것은 주식 가격이 오를 것을 기대하지만, 오르는 것만 기대했다면 실망할 수도 있다는 것입니다. 삼성전자가 어떤 기업인지, 어떻게 수익을 내는지, 그리고 미래에 어떤 사업을 계획하고, 투자하고 있는지 충분히 알아보고 그 이후에 투자를 결정해도 늦지 않다는 것입니다.

삼성전자 주식을 사는 것, 참 좋은 결정이었다고 저는 말하겠습니다. 단, 삼성전자에 대한 기업 분석을 했다면 말이죠.

09

미국 주식은 오르기만 하는데, 한국 주식은 왜 이럴까?

> **"한국 주식은 손실만 입었는데,
> 미국 주식으로는 계속 수익을 얻네요?"**

마지막에 물음표를 단 이유가 있습니다. 많은 사람이 미국 주식을 통해 투자의 참된 맛을 느끼고 있습니다. 일단 사면 오른다는 거죠. 좋습니다. 여러분의 기분을 상하게 할 의도는 없습니다. 저도 요즘 수익률이 꽤 나와서 기분이 좋습니다. 그러면 앞서 물음처럼 한국 주식은 왜 손실을 입었을까요? 이 부분에 대한 물음이 더 중요하다는 것입니다. 왜 손실을 입었는지 분석하지 않고, 다른 종목으로 옮겨다니다가 얻어걸리는 수익은 오래 가지 못합니다. 분명한 이유가 존재해야 자신만의 기준으로 발전시킬 수 있고, 그것이 경험이 되어 손실이라는 실패를 줄이고, 수익이라는 성공의 확률을 높일 수 있습니다.

한국 주식에서 수익을 내기 힘든 이유를 자신이 아닌 외부에서 찾는 분들도 있습니다. 물론 저도 그랬습니다. 그런데 그건 다 핑계입니다. 주식 가격은 내 마음대로 흘러가지 않는다는 것이 팩트입니다. 팩트를 부인하면서 다른 실패 요인을 찾는다면, 내 안의 실수는 계속되겠죠. 결국 미국 주식으로 얻은 수익도 오래가지 못할 가능성이 큽니다. 우리 이렇게 해봅시다.

- 수익을 얻었다면 수익이 발생한 이유를 찾아봅시다.
- 손실이 발생했다면 손실이 발생한 이유를 찾아봅시다.
- 수익의 이유는 지속하고, 손실의 이유는 하지 않도록 노력해봅시다.
- 수익이든 손실이든 이유를 찾았다면, 반드시 기록합시다.

지인을 만나서 이야기를 나누던 중 제가 이런 이야기를 했습니다.

"연금저축 펀드 TDF에 넣어놓으시고, 수익이 안정적으로 발생하는데 어떠세요?"

그랬더니 지인이 한마디했습니다.

"에이, 요즘 장이 좋잖아요. 나스닥 상장지수펀드(ETF)에 넣어뒀으면 수익이 훨씬 더 발생했을 텐데…."

바이러스 이전까지 TDF 연 환산 수익률 6%를 기록 중이었고, 바이러스 이후로 13%를 기록 중인 분이었습니다. 장이 좋다고 해서 누구나 수익을 올릴 수 있는 건 아닙니다. 이미 수익을 올리고 있지만, 더 큰 수익이 있는 곳으로 투자하지 못한 탓을 하고 있는 것이죠. 이런 마인드라면 결국 나스닥 ETF로 갈 것입니다. 수익이 나도 왜 나는지 모르고, 손실이 나도 왜 나는지 모르죠. 더 무서운 것은 손실이 한 번 오게 되면, 하이리스크 쪽으로 눈길을 돌리게 되고, 결국에는 투자 자금 모두를 소진하고 시장에서 아웃됩니다. 제가 너무 부정적인가요? 부디, 한 가지만 기억하면 좋겠습니다.

> **"실력자는 연장 탓을 하지 않습니다."**

한없이 오르는 종목은 주위에 널려 있습니다. 오르는 종목만 확인하지 그 종목이 하락할 때는 확인하지 않습니다. 매일 상한가 종목은 바뀝니다. 그때마다 상한가 종목만 부러워한다면 매우 어리석은 일이죠. 미국 시장이 연일 오르고, 한국 시장은 박스권에 갇혀 있다고 해서 미국 시장은 우월한 시장, 한국 시장은 열등한 시장이라고 생각한다면 그 어느 시장에서도 수익을 내기 힘들 것입니다. 실력자가 되기 위해서 수익과 손실의 이유를 찾아봅시다.

10

공매도 때문에
한국 시장은 엉망이라던데?

> **공매도**
> 주가 하락을 예상하고 주식을 빌려 팔았다가 실제 주가가 떨어지면 다시 사
> 들여 갚으면서 시세 차익을 얻는 투자 기법입니다. 다만 주식을 빌리지 않고
> 매도부터 하는 무차입 공매도는 '자본 시장과 금융 투자업에 관한 법률(자본
> 시장법)'을 위반한 '불법'입니다.

한국 시장에서 공매도가 문제가 되는 것은 공매도의 기능이
제대로 작동하지 않아서입니다. 공매도는 역기능보다 순기능이
많습니다. 한없는 탐욕으로 상승하는 주가를 공매도를 통해 안
정시킬 수 있습니다. 하지만 한국 시장에서 공매도는 순기능보
다 역기능이 작동되고 있습니다. 무차입 공매도 때문입니다. 주

식을 대여하지 않고도 공매도를 칠 수 있습니다. 물론 불법입니다. 속된 말로 걸리면 벌금 좀 내면 됩니다. 개인 투자자는 공매도를 칠 수 없습니다. 외국인과 기관만 공매도가 가능합니다. 따라서 역기능으로 인해 개인 투자자만 피해를 보는 것이죠. 사실 무차입 공매도를 확인할 수 있는 시스템이 없습니다. 해외 시장에서도 이런 시스템은 없습니다. 그런데 왜 한국 시장은 문제가 되는 걸까요? 해외 시장에서는 무차입 공매도가 발각되었을 경우 과징금의 수위가 높습니다. 한국은 매우 낮습니다.

공매도 때문에 한국 시장이 엉망이라는 말은 반은 맞고 반은 틀리다고 생각합니다. 공매도의 순기능이 분명히 있기 때문이고, 작동하고 있습니다. 반면 역기능이 훨씬 더 큰 것이 문제인 것입니다. 앞으로 공매도에 대한 법안이 발의되고 수정될지는 모르겠습니다. 그렇게 되는 것이 금융 선진국으로 가는 길이겠죠. 하지만 구더기 무서워서 장 못 담그는 어리석음은 없어야겠습니다.

공매도의 피해를 최소화하는 방법은 좋은 기업에 투자하는 것입니다. 개별 종목은 비교적 큰 우량주를 중심으로 투자하고, 시가 총액이 적으면서 발전 가능성이 많은 기업은 펀드를 이용해 투자하는 것입니다. 지금 시점에서는 이 방법이 최선이라고 생각합니다. 시가 총액이 적은 개별 종목은 공매도의 공격에 쉽게 무너집니다. 따라서 펀드를 통해 비교적 안전하게 투자하는 것이 좋습니다. 더 솔직히 이야기하면 투자 초심자들은 시가 총액이 큰 우량주 중심으로 투자해야 합니다.

11

곧 금융 위기가 온다는 사람들이
원하는 것

지금 유튜브에 접속해서 '금융 위기'라는 단어만 찾아봐도 엄청난 양의 콘텐츠를 확인할 수 있습니다. 장담하건데 이 세상이 사라지지 않는 한 계속될 것입니다. 위기를 이야기하는 사람에도 2가지 부류가 있습니다.

- 금융 위기가 올 때까지 위기를 이야기하는 사람
- 전문가의 시각으로 일시적으로 이야기하는 사람

후자는 귀담아 들을 필요가 있습니다. 하지만 전자는 제일 조심해야 합니다. 그들은 원하는 것이 있기 때문입니다. 사람은 원

래 긍정적인 내용보다 부정적인 내용에 더 관심이 가게 되어 있습니다. 유튜브만 검색해봐도 그렇다는 것을 알게 됩니다. 위기를 이야기하고, 폭락을 이야기하면 조회수가 훨씬 잘 나옵니다. 그리고 댓글도 더 많이 달리죠. 중심을 잘 잡고 있는 투자자라면 결코 흔들리지 않을 허술한 내용이지만, 초보 투자자라면 겁이 납니다. 내일이라도 당장 내가 갖고 있는 자산을 현금화하고 보유해야 할 것 같은 생각이 듭니다. 실제로 그렇게 행동하는 사람도 분명 있겠죠.

투자에 있어서 경제에 관심을 두고 정보를 수집하는 것은 매우 바람직한 것입니다. 하지만 부정적인 내용의 정보만 수집하는 것은 절대로 하지 말아야 할 습관입니다. 부정적인 마인드는 부정적인 행동을 낳습니다. 시나리오나 계획대로 행동하지 않는 투자 습관이 있다면, 이는 곧 손실로 이어질 가능성이 큽니다. 왜냐하면 결국 아무런 이유 없이 감에 의지한 매수, 매도가 일어나기 때문입니다. 감에 의지한 행동이 안 된다는 이야기가 아닙니다. 감에 의지한 행동만 있다면 문제라는 이야기입니다.

위기설을 끊임없이 전파하는 사람들이 원하는 것은 무엇일까요? 결국 그들은 그 내용 때문에 겁을 먹는 투자자들의 약해진 심리를 이용합니다. 종목 추천이나 매수, 매도 타이밍을 알려주고 돈을 받습니다. 자신들이 없으면 투자하지 못하도록 만듭니다. 서서히 물들게 만듭니다. 그렇게 얻은 수익은 아무런 의미가 없습니다. 이유를 모르는 수익은 투자에 있어서 독입니다. 곧, 이유를 모르는 손실을 경험하게 될 것입니다. 투자의 손실은 그 누구도 책임질 수 없습니다. 온전히 내가 책임져야 하는 영역입니다.

우리는 정보의 홍수 시대에 살고 있습니다. 여기저기서 너무도 많은 정보 때문에 오히려 중심을 잡기 힘든 시대입니다. 접하지 말아야 할 정보까지도 접해서 갈팡질팡한다는 이야기입니다.

곧 금융 위기가 온다는 사람들이 정말 원하는 것은 결코 누군가에게 도움을 주는 것이 아닙니다. 위기는 오지 않아야 좋은 것이죠. 정말 그 위기가 오지 않으면, 그렇게 말하던 사람들은 다행이라며 상황을 넘깁니다. 반면에 조금이라도 위기의 신호가 감지되면, 있는 이유 없는 이유 다 끌어다가 자신이 맞춘 것을 자랑합니다.

주식 시장은 살아있는 생명체와도 같습니다. 어디로 흘러갈지 아무도 확신할 수 없습니다. 예측은 가능하지만 계속 맞출 수 있는 사람은 없습니다. 그렇다면 실패의 확률을 줄이고, 성공의 확률을 높이는 수밖에 없습니다. 자신만의 기준을 세우고, 습득한 정보는 팩트를 체크할 수 있는 실력을 키우는 것만이 나의 자산을 지키는 길입니다.

Part 5

투자 마인드

01

왜 투자할 때는
상식적으로 생각하지 않을까?

평소에 자신의 삶의 영역에서 뭐든 잘해내는 지인이 있습니다. 그 친구는 배울 점도 많고, 사업도 하고 있죠. 그런데 투자를 할 때만큼은 참 많이 다릅니다. 정확히 말하면 '주식 투자는 비상식적으로' 합니다. 자신의 사업이나 삶의 영역에서는 상식적인 이야기, 행동을 하는데, 유독 주식 투자만큼은 비상식적입니다. 왜 그러는 걸까요? 왜 주식 투자에 대한 부분은 많은 사람들이 비상식적으로 접근할까요? 저는 이 부분에 대해서 곰곰이 많은 생각을 해보았습니다. 그리고 3가지 결론에 이르렀습니다.

- 기대 수익률이 비상식적이다.
- 주식은 몰빵이라고 생각한다.
- "이 종목 무조건 상한가 간대" 같은 카더라 통신을 믿는다.

이 내용에 대해 구체적으로 살펴보겠습니다.

비상식적인 기대 수익률

유독 주식 투자에 있어 사람들의 기대 수익률은 비상식적으로 높습니다. "1달에 50%는 먹어야 주식하는 거 아니야? 그거 1년에 10% 먹어서 뭐해?" 글쎄요. 1달에 50%의 기대 수익률을 갖고 있는 투자가 있을까요? 뭐 있을 수도 있겠죠. 하지만 늘 사람들은 보고 싶은 곳만 봅니다.

> **50%의 수익이 있다면 반드시 50%의 손실도 공존합니다.**

주식은 몰빵이라는 생각

"100만 원 투자하는데 무슨 분산 투자야? 주식은 한방이야" 또는 "주식은 그냥 상한가 가는 종목에 올라타서 5%만 먹으면 너무 쉽잖아"라고들 합니다. 한 종목에 모든 투자 자금을 넣어서 크게 한번 수익을 내면 참 좋죠. 하지만 한 번만 투자하고 말 사람이면 이렇게 해도 됩니다. 우리는 저금리, 저성장 시대에서 살아가고 있습니다. 투자는 오늘 하루로 끝나는 것이 아니라, 평생 해야 하는 일로 바뀐 지 오래입니다. 왜냐하면 투자를 평생 하지 않으면, 죽을 때까지 근로소득을 발생시키기 위해 뭐라도 해야 하기 때문입니다. 투자가 아니고서는 자산을 늘리기 어려운 시대입니다.

이 종목은 무조건 상한가 간다는 카더라 통신

앞서 두 가지가 어우러지면, 바로 이 카더라 통신을 맞을 준비가 된 것입니다. '비상식적인 기대 수익률과 한 종목 몰빵으로 크게 한번 먹고 털자' 이런 생각이면, 카더라 통신일지라도 내 돈을 넣고, 행복회로를 돌리기 시작합니다. 그리고 이런 사람들이 내리는 결론은 한 가지입니다.

"주식 그거, 절대 하는 거 아니야!"

이 3가지를 거치면 "역시 투자는 부동산이지"라는 결론에도 이르게 되죠. 하지만 부동산 투자는 큰 레버리지(대출)를 일으키거나, 어느 정도의 시드머니(종잣돈)가 필요하죠(물론 부동산 시장에 오래 계신 분들은 1,000만 원 정도로도 가능하더군요). 그러면 시드머니가 없다는 이유로 부동산마저 포기한다면 자산은 어떻게 늘려가야 하는 걸까요?

- 주식
- 부동산
- 사업(근로소득)

이 세 가지 정도가 자산을 불려주는 것인데, 이 중에서 주식은 위험하고, 부동산은 돈이 없고, 사업은 지금 다니고 있는 직장 은퇴하면 시작해야지 생각합니다. 결국 지금 얻고 있는 근로소득의 종료와 동시에 그들의 삶은 힘들어지겠죠. 자, 이제 우리는 다음 세 가지 내용을 기억하고, 상식적인 주식 투자를 합시다.

- 기대 수익률을 시중 금리의 +2% 정도로 잡으세요. 단, 이건 초보자에게 하는 말입니다.
- 적은 금액이라도 분산 투자를 하세요.
- 정보는 수집하되, 분별할 수 있는 능력을 기르세요.

02

투자를 방해하는
3가지

투자에 있어서 다음 3가지는 독입니다.

- 조급함
- 탐욕
- 행복회로

이성적 판단을 하고, 그것이 익숙해졌을 때 감에 의지하는 투자가 성공을 거둡니다. 결국 감에 의지하는 투자라는 것, 운 좋게 주식 가격이 많이 올랐다는 것, 그 이면에는 철저한 기업 분석과 기업 가치 탐색이 어우러져 있습니다. 그 이면을 못 본다면, 결국 프로 흉내만 내다가 자산을 다 잃고, 부상을 입고, 판을 떠나는 거죠.

천천히 시장을 보세요. 다시 오지 않을 기회는 없습니다. 기회는 계속 옵니다. 준비한 사람은 그 기회를 잡고 유지하지만, 그렇지 않고 운으로 잡은 기회는 반드시 다른 구간에서 더 큰 손실로 카운터를 날립니다.

> ## "거기서 K.O 되면 경기는 끝나는 것입니다."

경기가 끝난다는 것은 또 처절한 준비의 과정을 거쳐야 다음 경기가 주어진다는 것입니다. 다음 경기를 잡을 수 있다면 그나마 다행입니다. 거의 대부분 투자자들이 경기가 종료된 후에 다시 경기를 잡지 못합니다. 왜냐하면 자신의 자산을 모두 손실해버렸기 때문이죠. 그런 상황을 피하려면 어떻게 해야 할까요?

- 조급함을 버리고, 작은 금액부터 투자를 시작합니다.
- 탐욕을 절제하고, 수익률을 조금씩 올려갑니다.
- 행복회로에 의지하기보다는, 철저한 기업 분석으로 투자의 성공 확률을 높여갑니다.

물론 이 3가지를 머릿속에 넣어두고, 행동하는 일은 정말 어려운 일입니다. 주식 가격이 실시간으로 보이는 주식 시장에서 이 3가지를 지키며 투자하기 쉽지 않다는 말입니다. 기준이 없는 상태에서 목표를 달성할 수 있을까요? 달성한다고 해도 다음 목표를 설정하고 달성할 때 똑같은 상황이 벌어진다면, 명확한 기준이 없기 때문에 달성 확률은 다시 초기화됩니다. 하지만 기준이 있다면, 그 기준에 따라 목표를 달성했다면, 그다음 목표를 달성하기는 조금 더 쉬워질 것이고, 목표 또한 쉬워질 것입니다. 투자를 방해하는 조급함, 탐욕, 행복회로 이 3가지 요소를 꼭 기억하고, 절대로 유혹당하는 일이 없길 바랍니다.

03

자본 증식이 먼저?
목표 달성이 먼저?

오늘은 제가 참 좋아하는 지인을 집으로 초대해서 차를 한잔 했습니다. 그 친구에게 일이 생겨서 그 일에 대해 물어보기도 하고, 얼굴 본 지도 오래되어 겸사겸사 초대했습니다. 이런저런 이야기를 하다가 그 친구가 이런 이야기를 했습니다.

"일을 하면, 뭔가 열심히 하고 있다는 생각이 있어서 좋아요. 그런데, 돈 때문에 일을 하고 있는 건 아니에요. 그렇다고, 목표를 갖고 싶지도 않아요. 일을 하다보면, 언젠가 무엇이라도 되어 있겠죠."

한 사람의 생각을 평가하는 것은 조심스러운 일이지만, 그래도 제 생각을 말했죠.

"많은 사람들이 자본과 목표를 거꾸로 생각한다. 자본의 증식이 목표를 이루게 해주고, 베풀게 해주는 것인데, 목표를 이루면, 자본의 증식이 뒤따라와서 그때부터 많은 영향력을 줄 수 있을 것이라고 생각한다. 하지만 그건 완전히 거꾸로 생각하고 있는 것이다."

자본주의 시대를 살아가는 우리에게는 자본 증식이 먼저입니다. 목표를 정해두고 묵묵히 그 일을 해내며 달성하는 것은 매우 훌륭한 일입니다. 그러나 목표 달성을 먼저 한다고 해서 자본 증식이 늘 뒤따라오는 것은 아닙니다.

예를 들면, 수익률을 목표로 열심히 주식 투자를 하는 분들이 있습니다. 어느 정도의 목표 수익률에 도달하면, 각종 투자 카페에 열심히 인증하며 알아주길 바랍니다. 결국에는 수익률 인증이라는 비(非)본질에 점점 공을 들이게 되는 것입니다. 자본 증식 없는 수익률은 아무짝에도 쓸모가 없습니다. 그리고 리밸런싱을 하고 있는 계좌라면, 수익률은 높아지려야 높아질 수 없습니다. 왜냐하면 비중이 커진 섹터의 주식을 매도하기 때문에 수익률은 한 번 낮아집니다. 그리고 비중이 적어진 섹터의 주식을 매수하기 때문에 순간적으로는 수익률이 한 번 더 낮아집니다. 하지만 시간이 흐를수록 총 자산의 금액은 늘어납니다. 수익률을 신경 쓰지 말라는 이야기가 아닙니다. 수익률에 신경 쓸 에너지를 자본 증식에 사용하라는 말입니다.

지금은 뭔가 열심히 한다고 해서 성공할 수 있는 시대가 아닙니다. 하지만 성공을 이룬 그 이면에는 그런 에너지가 있습니다. 마인드를 바꿔야 합니다. 주식 투자도 마찬가지입니다. 한 종목의 수익률이 높다고 해서 자본이 늘어나지 않습니다. 왜냐하면 내가 투자하고 있는 포트폴리오의 모든 자산이 한꺼번에 상승하지 않거든요. 하지만 자본이 늘어나는 이면에는 늘 상승하는 수익률이 있습니다. 리밸런싱 이후에는 그 수익률에 찍힌 숫자는 내려가겠지만 말이죠. 본질과 비본질을 구분해야 합니다. 자본 증식이 본질이고, 목표했던 수익률에 찍힌 숫자는 비본질입니다. 목표 달성보다 자본 증식이 먼저입니다.

04

투자는
어렵다

　이제는 투자가 선택이 아닌 필수가 되고 있는 시대를 살아가고 있습니다. 코로나19라는 바이러스로 인해서 새로운 산업이 생성되고 있다기보다는, 이미 있었던 것의 상용화에 가속도가 붙은 것이라고 생각합니다.

　예를 들면, 흔히 말하는 언택트 산업은 없었던 것이 갑자기 생긴 것이 아니라, 코로나 이전까지는 굳이 사용할 필요가 없었던 것들이 시대에 맞춰 급속도로 바뀌고 있는 것입니다. 제가 글을 쓰고 있는 지금도 코로나 백신이 개발되지 않은 시점에서, 언제든지 2차 확산이 일어날 수 있다는 불확실성이 남아 있습니다. 미국 주식 시장은 이미 V자 반등을 넘어, 최고점도 경신하려 하고 있고, 한국 주식 시장도 2,200선 가까이에서 조정을 받는 느낌입니다.

다시 본론으로 돌아가면, 투자는 어렵지만, 이제는 필수라는 것입니다. 투자를 평생의 도구로 사용해야 한다는 것이죠. 그 목표는 분명 자산 증식에 있습니다. 최근 발표된 6.17부동산대책에서도 시사하고 있지만, 이제 부동산 투자는 자산가에게만 허락되는 시장이 되어가고 있습니다. 투기하는 사람을 규제하려다가, 실제로 집이 필요한 사람들까지도 집을 보유하는 방법들이 막혔죠. 결국 이 정책이 어떻게 결론이 날지는 모르지만, 제 생각에는 양극화가 더욱 심해지는 촉매제가 될 것 같습니다. 자, 부동산의 접근이 어려워진다면 남은 것은 금융 투자와 창업으로 인한 사업소득이겠죠. 이 둘 중에서 접근성이 낮은 것이 금융 투자고, 그중에서도 주식 투자입니다. 그런데 우리나라에서 다음과 같은 이미지가 형성되어 있습니다.

주식 투자 = 주식 투기

근래 많은 분들이 주식 시장에 참여하면서, 이런 이미지는 분명히 개선되겠지만, 아직까지는 부정적인 시각이 더 많다고 봅니다.

> **주식 투자는 쉽지 않습니다. 투자는 어려운 것입니다.**

쉽다면 누구나 돈을 벌고, 자산가가 되었겠죠. 기회가 있는 투자임에는 틀림없지만, 누구에게나 기회가 되지는 않습니다. 요즘 만나는 고객들께 자주 하는 이야기가 있습니다.

> **쉽게 투자하면, 쉽게 손실을 입습니다.**

주식 투자라는 것은 그 기업의 수익을 공유하는 것이고, 기업의 수익을 공유하려면 투자자와 기업 간 밀접한 관계가 형성되어야 한다는 것입니다. 하지만 기업이 주주 한 명 한 명과 밀접한 관계를 맺는 것은 불가능하겠죠. 그렇다면 주주가 다가가야 합니다. 내가 투자하고 있는 기업이 어떤 기업이고, 향후 얼마나 이익을 내고, 나에게 얼마나 수익을 공유해줄 수 있는지, 계속 확인하고, 검증해야 합니다.

어떤 분들은 무슨 주식 투자를 그렇게 복잡하게 하냐고 반문할 수도 있지만, 적어도 내 돈이 들어가 있는 곳의 사정을 체크하는 것은 기본 중에서도 기본이 아닐까요? 하루하루 수익을 내는 트레이더(프로)를 이기려고 하지 마세요(이길 수도 없습니다). 우리의 경쟁 상대는 싸게 산 내 주식을 비싸게 사줄 호구가 아닙니다. 내가 투자하고 있는 기업과 경쟁하고 있는 기업이 우리 경쟁 상대입니다.

부디 계속 공부하고, 책을 읽고, 사고의 유연함을 기르고, 정보를 분별할 수 있는 힘을 기르고, 철저한 기업 분석을 통해 분산 투자하고, 분할 매수, 분할 매도해서 성공적인 투자를 해나 갑시다!

05

내 자산 좀
잘 운용해달라?

요즘 만나는 분들 중 "모든 게 너무 귀찮아요. 아무것도 안 하고 싶어요. 내 자산 좀 잘 운용해주세요"라고 이야기하는 분이 참 많습니다. 나이가 적고 많음에 영향이 있는 것 같지는 않습니다. 하지만 잘 생각해보세요.

**투자를 통해서 돈을 번, 즉 자산을 늘려가는 사람들이
상대적으로 소수인 이유가 무엇일까요?**

아무 신경 쓰지 않게 내 자산을 늘려주는 사람이 있다면, 투자를 통해 손실을 입는 사람은 확실히 줄어들 것입니다. 아무 신

경 안 쓰고 자산을 늘리고 싶은 건, 아무 일도 안하고 급여를 받고 싶은 마음과 똑같습니다. 불로소득이라는 단어가 요즘 이슈입니다. 부동산이건 주식 투자건, 아무 일도 안하고 돈을 번다는 것이죠. 하지만 투자를 해본 사람이라면 투자에 얼마나 많은 에너지가 투입되는지 알고 있을 것입니다.

> **주식 투자자가 된다는 것은 좋은 기업과 함께 한다는 것입니다.**

좋은 기업이라도 한순간에 도태될 수 있고, 주주들의 눈속임을 할 수 있는 경우가 참으로 많습니다. 그렇다면 좋은 기업이 계속 좋은 기업으로 경영될 수 있는지 끊임없는 감시를 해야 하고, 새로운 투자처를 발굴하기 위해 다른 기업도 좋은 기업인지 감별해내야 하는 일들을 해야 합니다. 기본적으로 투자를 해보지 않고, 투기를 하는 분들은 이런 에너지를 이해하기 힘들겠죠. 참으로 안타깝습니다. 아무것도 안 하고, 에너지도 쏟지 않고, 자산을 늘리고 싶다는 마인드를 어떻게 가질 수 있을까요? 아마도 이건 투자에 대한 엄청난 왜곡이 시장에 가득하다는 반증일 것입니다.

> **기대 수익률이 연 20~30%로 지나치게 높은 것도 그 이유일 것입니다.**

아무것도 안 하고 돈을 벌 수 있는 일이 있다면, 저에게도 좀 알려주세요. 꼭 기억합시다. 에너지를 쏟지 않고, 뭔가 얻고 있다면 그건 행운이거나, 사기를 당하고 있는 것입니다.

06

동전의 앞뒷면
- 테슬라의 상승과 하락

<자료 37> 2020년 7월 13일 테슬라의
시초가 (단위 : 달러)

2020년 7월 13일 미국 시장이 시작되고 테슬라의 시초가입니다. 무려 14% 상승된 주식 가격에서 시작되었죠. 많은 사람들이 이 주식을 사려고 대기하고 있었을 것입니다. 그렇다면 이 주식은 무조건 계속 상승하겠죠. 1초라도 내가 먼저 매수해서, 큰 수익을 얻고 싶은 마음이 생깁니다. 그리고 장이 종료되고, 다음은 종가입니다.

〈자료 38〉 2020년 7월 13일 테슬라의
종가 (단위 : 달러)

장이 시작하면서 상승했던 14%를 모두 반납하고, 오히려 3% 하락한 상태에서 장이 마감됩니다. 시초가였던 1,764달러에 매수했다면 장이 마감되었을 때 약 267달러의 손실을 본 것입니다. 왜 이런 일들이 벌어지는 걸까요?

주식 시장은 엄청나게 많은 사람들이 동시에 거래를 합니다. 따라서 주식 가격도 그에 따라서 계속 변화합니다. 아주 심플하게 설명하면 이렇습니다.

주식을 팔고자 하는 사람이 많을 경우 ➡ 주식 가격 하락
주식을 사고자 하는 사람이 많을 경우 ➡ 주식 가격 상승

이 2가지 외에도 수많은 이유와 변수가 있지만, 그것은 해석하기 나름이고, 결국은 결과론인 경우가 대부분입니다. 따라서 우리는 복잡하게 생각하기보다는 심플하게 상황을 봐야 합니다. 2020년 8월, 테슬라의 주가입니다.

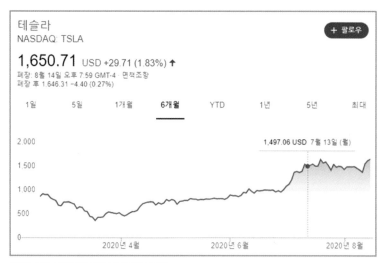

테슬라
NASDAQ: TSLA

1,650.71 USD +29.71 (1.83%) ↑
폐장: 8월 14일 오후 7:59 GMT-4 · 면책조항
폐장 후 1,646.31 -4.40 (0.27%)

+ 팔로우

| 1일 | 5일 | 1개월 | **6개월** | YTD | 1년 | 5년 | 최대 |

1,497.06 USD 7월 13일 (월)

2,000
1,500
1,000
500
0

2020년 4월   2020년 6월   2020년 8월

〈자료 39〉 2020년 8월 테슬라의 주가

1,497달러보다는 상승했지만, 1,764달러보다는 아직도 아래입니다. 주식 가격의 상승과 하락은 동전의 앞뒷면과도 같습니다. 오늘의 상승이 내일의 상승을 보장하는 것은 아니고, 오늘의 하락이 내일의 하락을 예상하는 것도 아닙니다. 수요와 공급이 가격을 결정하는 시장에서는 그 시점의 가격으로 미래의 가격을 예상할 수 없다는 이야기입니다.

테슬라는 주식 분할을 예고했습니다. 8월 31일부터 1주를 갖고 있는 주주들에게 4주를 더 줍니다. 1주를 5주로 분할하는 것입니다. 이 소식으로 테슬라의 주가는 다시 연일 상승하고 있습니다. "테슬라를 사세요"라고 이야기하는 것이 아닙니다. 기업을 분석하고, 투자를 결정하고, 기업을 잘 감시하고 있다면, 주식 가격의 상승과 하락에 너무 집중하지 말라는 이야기를 하는 것입니다. 큰 상승을 위해서는 조정(일시적 주식 가격의 하락)은 필수이지만, 계속적인 주식 가격의 하락은 문제가 생겼음을 알려주는 것입니다.

07

투자는
심리게임

앙드레 코스톨라니의 유명한 말처럼 '투자는 심리게임'입니다. 투자는 저평가되어 있는 주식을 찾고, 싼 가격에 사서, 언제 오를지 모를 시기를 견뎌야 하며, 계속해서 쏟아져 나오는 정보들을 분별해야 하며, 때로는 악재 속에서 빛을 봐야 하고, 길고 긴 어두운 터널을 빠져나와야 합니다. 그리고 가장 중요한 한 가지는 이 모든 일을 '혼자 해내야 한다'는 사실입니다.

2020년 6월 11일 미국 증시는 코로나 바이러스의 영향으로 큰 폭으로 하락했습니다. 그때 제가 블로그에 포스팅했던 글을 소개합니다.

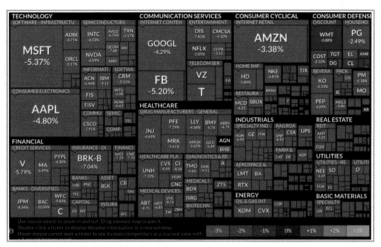

〈자료 40〉 2020년 6월 11일 S&P500

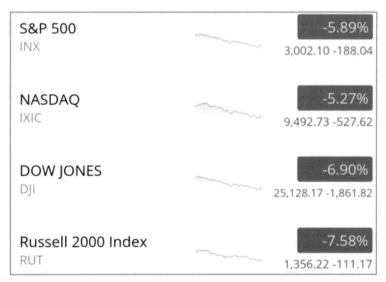

〈자료 41〉 2020년 6월 11일 미국 주식 시장 각종 지수

미국 증시가 좀 안정되나 싶었는데, 어제 큰 폭으로 하락했네요. 수익 실현을 하네 마네, 지금 매수기회 오는 거네 마네…. 이것도 결국 결과론 아닐까요? 미리 행동하지 못한 것에 대한 생각이 필요한 시점이죠. 시그널은 계속 있었습니다.

1. 고용지표 하락
2. 확진자 감소추이였으나, 그래도 늘 만 명 이상 꾸준히 찍었던 지표
3. 연준의 채권 매입 축소
4. 각 나라에서의 바이러스 2차 확산

그럼에도 미국 증시는 연일 상승해서, 이전 고점을 뚫을 시점이었습니다. 저도 어제의 하락은 이유를 잘 모르겠습니다. 더 정확히 이야기하면 이유를 굳이 찾을 필요도 없을 것 같습니다. 왜냐하면 지금 시점에서는 아무것도 하지 않고, 시장을 바라보는 것이 낫기 때문입니다. 제 경험상 이미 시장 전체가 하락한 상황에서의 리밸런싱은 독이 되는 경우가 많았습니다. 마음들 잘 잡으시고, 늘 자본 앞에 겸손합시다.

투자는 심리게임입니다. 저렇게 큰 폭의 하락을 경험하게 되면, 계속 하락할 것 같은 공포에 휩싸이게 됩니다. 자산의 수익률은 계속 마이너스를 향해 가고, 지금이라도 팔아서 현금 확보를 해두었다가, 다시 지수가 회복되면 그때 다시 사야 하는 건 아닐까? 갈팡질팡할 때가 있습니다. 물론 저도 흔들

립니다. 저라고 여러분과 다르겠습니까? 하지만 그 시기의 하락 이유는 명확했습니다. 바이러스였죠. 결국 바이러스는 백신이 나올 것이고, 그렇게 되면 다시 지수는 회복될 것입니다. 때가 언제 올지는 아무도 모릅니다. 바로 이시기가 주식 투자를 하면서 가장 고통스럽고, 힘든 지점입니다. 그 누구도 장담할 수 없는 시기거든요. 이 심리게임에서 승리한 사람만이 수익을 얻어갈 수 있습니다.

08

기회는 반드시
다시 찾아온다

주식 투자를 하면서, 그리고 부동산 투자를 하면서, 사업을 하면서 저는 타이밍이라는 것이 중요하다고 생각했습니다. 그 당시에는 "진짜 이거 지금 안 들어가면 안 되는데"라는 생각으로 시작한 것도 있고, 현금 유동성이 부족해서 하지 못했던 것도 있습니다. 결과는 어땠을까요? 결국 손해를 본 것도 있고, 타이밍을 맞추지 못해 수익을 못 올렸던 것도 있습니다. 하지만 나에게 실력이 있다면, 이런 기회들은 세상에 널려있다는 것을 알게 되었습니다.

결국 기회는 반드시 다시 찾아옵니다.

지금 여러분과 제게 온 기회가 큰 수익을 가져다주는 것일 수 있습니다. 시작하지 못하는 그 자체가 손해라고 느껴질 만큼 완벽한 기회일 수 있습니다. 하지만 시작하지 못했다고 해서 실망하지 마세요. 분명 기회는 다시 옵니다. 그 기회를 기다리면서 실력을 쌓으세요. 그 과정에서 또 실패하기도 하고, 또 성공하기도 할 것입니다. 그리고 결국 기회는 다른 모양으로 다시 옵니다. 부디 실력을 키워 그 기회를 잡으시길 바랍니다. 보통 실력자들은 그것을 '운'이라고 부릅니다.

운을 잡는 기회는 누구에게나 올 수 있는 일입니다. 진정 행운으로 찾아올 수도 있습니다. 그리고 누군가는 진정한 실력으로 그 운을 잡을 수도 있습니다. 그렇다면 생각해봅시다. 행운과 실력 중에 그다음 기회를 잡을 수 있는 사람은 누구일까요? 맞습니다. 실력을 가진 사람입니다. 주식 시장에서 실력은 다른 것이 아닙니다. 최저점에서 사고 최고점에서 파는 그런 행운이 아닙니다. 그 실력은 오로지 자신만의 기준에서 나옵니다. 그래서 주식 투자는 외로운 여정입니다. 각자의 투자 스타일은 모두 다릅니다. 똑같은 사람이 한 명도 없습니다. 투자를 잘한다는 전문가에게 강의를 듣고 그대로 따라 해도 결과가 좋지 않은 것은 그런 이유입니다. 결국 누군가에게 배워서 자신만의 기준을 만들어가지 않으면, 주식 투자에서 기회를 수익으로 가져갈 확률은 늘어나지 않습니다. 수익의 확률이 늘어나지 않는 것은 결국 손실의 확률이 늘어난다는 말입니다. 수익의 확률이 손실의 확률보다 커질 때, 그것이 온전히 실력으로 발현될 때 결국 수익을 얻을 수 있습니다.

09
일할 때의 자세를
투자에도 적용시키자

저는 한때 음악을 하던 사람이었습니다. 음악에는 정년퇴직이 없기 때문에, 물론 지금도 소소하게 하고 있습니다. 음악으로 수익이 발생하지는 않지만요. 암튼, 음악을 얇고 길게 해오다 보니 음악을 시작하는 후배들이 조언을 듣고자 찾아올 때가 종종 있습니다. 그럴 때마다 저는 그 친구들에게 꼭 해주는 말이 있습니다.

"너보다 음악을 잘하는 친구는 늘 있기 마련이야. 하지만 너 같은 음악을 하는 친구는 너밖에 없어. 너만의 음악을 만들어가."

크게 성공은 못했지만, 음악이라는 것을 길게 접해온 사람의 조언이죠. 어느 날 후배에게 이런 말을 하면서, 제 머릿속을 스쳐가는 한 문장이 있었습니다.

익숙하고, 오랫동안 해온 일에서는 적용이 되지만, 정작 지금 내가 수익을 내야 하는 일에서는 적용이 안 되고 있던 것이었습니다. 투자도 마찬가지 아닐까요? 나보다 투자를 잘하는 사람은 반드시 있습니다. 하지만 나와 같은 투자를 하는 사람은 나밖에 없습니다. 그것을 구축하는 것이 투자의 핵심이라는 것이죠. 그 누구도 대신 해줄 수 없습니다. 투자라는 것이 주식 투자만 있는 것도 아니니, 자신에게 맞는 투자를 찾아가는 것도 방법이겠죠. 요즘 사람들과 이야기하다보면, 가장 많이 이야기해주는 내용이 이것입니다.

- 수익률을 올려주는 사람이 따로 있는 것은 아닙니다.
- 투자를 통한 자산 증식은 오직 자신만 할 수 있습니다.
- 노력 없는 성과는 행운일지라도, 곧 잃어버리게 되어 있습니다.

쉽지 않습니다. 투자라는 여정이 좋은 길, 넓은 문만 있다면 좋겠지만, 우리의 인생과 같이 예상할 수 없고, 생각지도 못한 일들이 벌어집니다. 부디, 자신만의 투자 플랫폼을 만들길 바랍니다.

10

행동은 먼저,
생각은 나중에

Just Do It!

제가 적용하고 있는 의미로 번역하자면, '당장 행동해!' 정도
되겠습니다. 많은 사람들이 투자에 두려움을 갖고 있습니다. 왜
냐하면 투자에서 손실을 입은 사례들이 여기저기 퍼져 있기 때
문입니다. 오죽하면 부모님의 유언 중 "절대로 주식에는 손대지
마라"는 말이 있다는 유언비어가 퍼져 있습니다. 과연 투자는
손실만 입게 되는, 절대로 하면 안 되는 것일까요?

제가 멘토로 삼고 있는 스승이 있습니다. 그분의 가르침에 따
르면 이렇습니다.

- 작은 일도 완벽하게 하자.
- 대안 없는 비판을 하지 말자.
- 속으로는 No인데 Yes인 척하지 말자.
- "나는 괜찮은데, 다른 사람이 그러는데"가 아닌, 자기 의견으로 이야기하자.
- 경험하지 않은 것에 두려움을 갖지 말자.

Just Do It!은 다섯 번째에 해당하는 가르침입니다. 투자가 힘든 첫 번째 이유는 실행하지 않아서입니다. 그리고 실행을 한다 해도 처음부터 너무 큰 금액을 한 번에 투자하고, 짧은 시간에 큰 수익을 기대하기 때문입니다. 행동을 먼저 해야 하는 이유는 주식을 1주라도 매수하면, 주식 투자에 관심을 가지게 되기 때문입니다.

저는 자격증을 여러 개 갖고 있습니다. 자격증은 시험을 통과해야 발급되는 것이죠. 그러면 일단 공부를 시작하고, 첫 번째 시험을 등록해놓습니다. 완벽한 준비가 되지 않은 상태에서 일단 시험을 치르는 것입니다. 물론 한 번에 합격한 경우도 있지만, 거의 첫 번째 시험은 불합격입니다. 이 부분이 엄청난 차이를 만듭니다. 시험의 경험이 불합격 이후 공부를 하는 데 큰 도움이 됩니다. 시험이 어떻게 출제되는지 유형을 알게 되고, 어떤 공부를 중점적으로 해야 하는지 계획 세우기도 좋습니다. 하지만 시험 경험 없이 그 넓은 범위의 시험공부를 한다면, 계획적인 선택과 집중이 힘들겠죠.

이렇게 행동을 먼저 하는 것이 참 중요합니다. 투자에 적용해보죠. 일단 투자하기로 마음을 먹었다면, 투자 습관 기르기를 쭉 따라서 실행합니다. 그러면 주식을 매수하는 단계가 오겠죠. 그때 바로 1주라도 매수하고, 계속 주식을 1주씩 모아가야 합니다. 그러면서 손실을 입기도 하고, 수익을 얻기도 하면서 자기 나름의 기준과 방법을 터득하게 됩니다. 그러면 실패의 확률을 줄여갈 수 있고, 성공의 확률이 점점 높아집니다. 행동하고, 그 경험을 통해서 계속 생각해나가고, 기준을 만들고, 자신만의 방법을 만드는 것입니다. 일단 행동하세요. Just Do It!

11

절대 빌린 돈으로
주식하지 말자

돈을 빌려서 주식 투자를 하는 순서가 있습니다.

- 10년에 한 번 오는 기회인 상승장이라는데
- 이 종목 무조건 10배 오른다는데
- 빚을 내서라도 안 하면 바보라던데
- 한 달 이자 내고도 남는 수익률 올리는 법을 알려준다는데

모두 확실한 끝맺음의 말이 아닙니다. '만약에'라는 가정이 결과에 포함되어 있죠. 보통은 지금까지 손실을 많이 본 투자자들이 이런 생각을 많이 합니다. 왜냐하면 손실을 빨리 만회하고 새롭게 시작하고 싶은 마음 때문입니다. 하지만 이런 순서는 계속

악순환이며, 결코 수익으로 전환되기 쉽지 않습니다.

〈자료 42〉 가장 큰 손실을 주었던 팍스넷의 주가

　제가 투자했다가 실패한 종목입니다. 한때 15,150원까지 갔던 주식 가격이 지금은 862원인 동전주가 되었습니다. 이렇게 자신 있게 종목을 공개하는 이유는 그때의 실수 경험이 제 투자 습관에 큰 영향을 미쳤기 때문입니다. 그리고 팍스넷은 지금 거래정지됐습니다.

　당시 블록체인의 미래라고 생각하고 투자했고, 레버리지도 일으켜서 투자했던 종목입니다. 그저 기업의 장밋빛 언론보도만 믿고 투자하고, 계속 투자 자금도 늘려서 몰빵을 했습니다. 하지만 이 기업의 재무제표는 이랬습니다.

항목	2015/12 (IFRS별도)	2016/12 (IFRS별도)	2017/12 (IFRS별도)	2018/12 (IFRS연결)	2019/12 (IFRS연결) ➕	전년대비 (YoY)
영업활동으로인한현금흐름	38.1	44.2	19.0	-78.0	-101.7	-30.3
당기순이익		35.9	18.8	-19.7	-299.7	-1,421.5
법인세비용차감전계속사업이익	45.2					
➕ 현금유출이없는비용등가산	13.6	18.0	14.1	42.0	212.6	406.7
➕ 현금유입이없는수익등차감	4.9	5.4	11.1	10.2	33.9	233.6
➕ 영업활동으로인한자산부채변동(…	-16.1	-0.9	-5.3	-92.2	21.4	123.2
*영업에서창출된현금흐름	37.8	47.6	16.4	-80.1	-99.6	-24.3
이자수입	4.0	4.8	7.0	4.4	4.5	2.9
이자지급(-)				-0.3	-7.1	-2,719.9
배당금수입					0.6	
배당금지급(-)						
법인세환입						
법인세납부(-)	-3.8	-8.2	-4.4	-2.1	-0.0	98.3
중단사업관련현금흐름						
*(직접법)총현금유입						
*(직접법)총현금유출						
투자활동으로인한현금흐름	-29.2	-96.0	-37.1	-176.7	-292.7	-65.6
➕ 투자활동현금유입액	3.0	66.8	360.7	161.2	318.9	97.8
➕ 투자활동현금유출액	32.2	162.8	397.8	337.9	611.6	81.0

*단위 : 억원, %, 배, 천주   *분기 : 순액기준

〈자료 43〉 팍스넷의 재무제표

　제가 투자할 당시 이미 수익이 전혀 없는 기업이었습니다. 하지만 꿈에 부풀어 있었고, 초기에 투자한 금액이 상한가도 한 번 갔었던 터라 계속해서 자금을 넣었습니다. 그러다 보니 레버리지를 일으킨 사실 하나만으로 마음이 조급해졌고, 매일도 아닌 매 시간마다 주식창만 들여다보게 되었습니다. 주가는 계속 하락했고, 급기야 하한가도 경험하니 정신이 차려지더군요. 그 순

간 손실을 떠안고 모두 매도했습니다. 그 이후로도 상승과 하락을 반복했습니다. 그때 손절을 했던 경험이 제 투자 습관에 큰 경험이 되었습니다.

- 희망만으로 주식 가격은 오르지 않습니다.
- 기업 실적이 2분기 연속 적자인 경우가 있다면 신중히 투자를 결정합니다.
- 절대로! 빌린 돈으로 투자하지 않습니다.

빌린 돈으로 투자하면 판단이 흐려집니다. 명확한 판단으로 투자해도 수익과 손실의 방향을 알 수 없는데, 흐려진 판단으로 투자는 손실을 확정하는 행위입니다. 그리고 주식 가격의 노예가 될 수밖에 없습니다. 하루 종일 호가창을 들여다보며 주식 가격이 오르내리는 것에 따라 감정 기복이 생깁니다. 그 감정으로 더욱 무리한 투자를 감행하게 되고, 손실을 만회하기 위해 더욱 위험한 투자를 하게 됩니다. 빨리 빠져나오는 것이 상책입니다. 손실은 투자 수업의 비용이라고 생각하고, 좋은 투자 습관으로 고쳐나가는 것이 제일 빠른 방법입니다.

12
마인드를 변화시켜야
돈을 벌 수 있다

　재무 상담을 진행하다보면, 많은 분들이 공통적으로 하는 말이 있습니다.

> "주식은 위험한 것 아니에요?"
>
> "주식해서 돈 번 사람 내 주위에 없는 걸요?"
>
> "부동산은 돈이 있어야 사죠."
>
> "대출부터 빨리 갚고, 시작할게요."
>
> "집을 샀는데, 지금 대출이 반이라서,
> 투자는 그 다음이에요."

어떤 마음으로 이런 이야기를 하는지 너무나 잘 압니다. 나도 똑같이 이야기하는 사람이었습니다. 그런데 불행하게도 저런 마인드에서 벗어나야 돈을 벌 수 있습니다. 마인드가 변하려면 노력해야 하고, 정보가 필요합니다. 시중에 정보는 넘쳐나는데, 진짜를 구별해내려면 실력이 필요합니다. 실력을 얻으려면 공부를 해야 하고, 공부의 첫 단계는 독서입니다. 결국, 마인드를 변화시키고, 돈을 버는 마인드로 가려면, 가장 첫 번째 단계가 독서인 것입니다. 두 번째는 자신의 투자 성향에 맞는 공부를 시작하는 것이고, 세 번째는 실제로 직접 투자를 해보는 것입니다. 그리고 마지막 네 번째는 실패를 통해, 성공을 경험해나가는 것입니다.

'Lucky!' 기회는 밖에 널려 있습니다. 그 기회를 잡는, 흔히 말하는 운이라는 것은 실력이 있어야 지속 가능합니다. 한 번 찾아온 행운을 감사히 맛보았다면, 그것으로 만족하고 또 한 번의 운이 오기만을 기다리는 것이 아니라 실력으로 그 운을 잡을 확률을 높여가야 한다는 말입니다. 정말 운 좋게 몇 번의 행운을 잡을 수도 있습니다. 하지만 지금까지 그렇게 잡은 운을 지속시키는 사람을 본 적이 없습니다. 영국 프리미어리그에서 최전방 공격수로 뛰고 있는 손흥민 선수는 경기에서 골을 넣거나 공격 포인트를 올린 날 방송 인터뷰에서 언제나 이렇게 말합니다.

**"정말 운이 좋았어요. 동료의 패스가 저에게 잘 왔고,
운이 좋게도 제가 골을 넣을 수 있었습니다."**

    과연 저 말 속에 어떤 말들이 숨어 있는지, 저 말을 하기까지 얼마나 많은 시행착오와 훈련이 있었는지 생각하는 사람이야말로 비로소 발전이라는 것을 하려고 노력하게 됩니다.

Part 6

투자
잘하는 방법

01

나만의
주식 투자 노하우

- 기업 분석
- 분산 투자
- 분할 매수, 분할 매도
- 리밸런싱

이 4가지는 제가 죽을 때까지 갖고 갈 투자 방법입니다. 누구나 쉽게 알 수 있는 항목으로 구성되어 있지만, 4가지를 지키며 투자하는 것은 생각보다 어렵다는 것을 직접 실천해보면 알게 됩니다. 주식은 적정가에 사서 비싸게 파는 것이 아닙니다. 싼값에 사서 적정가에 파는 것이죠. 주식 가격의 저점을 알 수 없듯이 고점 또한 알 수 없습니다. 그러니 주식 차트에 큰 의미를 두

지 마세요. 다음의 차트를 살펴봅시다.

〈자료 44〉 주식 차트 예시

맨 앞의 저점에서 사고, 최고점에서 팔고 다시 최저점에서 사고 이제 곧 오게 될 최고점에서 팔면 너무나 행복한 투자 생활이 되겠죠. 손실은 전혀 입지 않을 것입니다. 오직 수익만 있겠죠. 흔히 '마켓 타이밍'이라고 하는 이런 방식은 실제 투자에서는 불가능에 가깝습니다. 따라서 우리에게 필요한 것은 좋은 기업을 고르고 꾸준히 매수해나가서 적정가에 팔고 수익을 얻는 것입니다.

종목을 선택하고 기업 분석을 통해 투자할 기업을 골랐다면, 일단 1주를 사봅시다. 보초를 세워두는 거죠. 그렇게 되면, 주식 가격이 어떻게 오르고 내리는지 볼 수 있습니다. 그 이후에 분할 매수 계획을 세우고, 매수를 시작합니다. 섹터별 분산 투자가 되어 있어야 하겠죠. 한 종목에 모든 투자 자금을 넣는 것은 매우 위험한 일입니다. 반대로 큰 수익도 기대할 수 있겠죠. 생각해봐야 할 문제는 상승은 무한대로 가능하지만, 하락은 100%면 내 계좌가 0원이 되고 시장에서 떠나야 한다는 것입니다.

결국 앞서 항목의 3가지를 착실히 실행했다면, 네 번째 순서인 리밸런싱을 하면 됩니다. 리밸런싱은 우리들의 자산을 늘려줄 엄청난 기술입니다. 이것을 실행하기 위해서는 기업 분석, 분산 투자, 분할 매수와 분할 매도의 실행이 너무나 중요합니다. 리밸런싱을 위해 이 모든 것을 실행했다고 해도 과언이 아닐 만큼 중요합니다. 각 순서에 대한 자세한 설명은 다음 챕터에서 하겠습니다.

02

경제 유튜브 채널
고르는 법

투자를 잘하려면 정확한 정보를 빠르게 습득하는 것이 큰 도움이 됩니다. 요즘에는 정보를 습득하는 경로나 시간이 누구에게나 공평하게 열려있는 것이 사실입니다. 특별한 정보라는 것도 없고, 나만 알고 있는 정보도 없다고 봅니다. 그만큼 정보의 공유가 빠르게, 대량으로 이루어지고 있습니다. 그러면 중요한 것은 팩트를 체크하는 능력, 얼마나 믿을 만한 정보인가를 판단하는 것입니다. 정보를 습득하는 여러 가지 채널 중에서 유튜브라는 곳이 있습니다. 우리는 유튜브 채널 홍수 시대에 살고 있습니다. 엄청난 정보를 쏟아내고 있습니다. 하지만 모든 내용이 정확한 사실만을 전달하고 있지는 않습니다.

경제 유튜브 채널을 고르는 저만의 방법을 알려드리겠습니다. 좋은 요소를 이야기하는 것보다 제가 채널을 걸러내는 요소들을 알려드리겠습니다. '절대 이런 유튜브 채널은 가지 말자' 입니다.

부정적인 단어만을 쓰는 채널

폭락, 금융 위기, 한국 망한다, 제2의 IMF, 위기가 몰려 온다 등등 늘 부정적인 단어만을 쓰는 채널이 있습니다. 사람들은 긍정적인 텍스트보다 부정적인 텍스트에 훨씬 더 많은 관심을 쏟게 되어 있습니다. 그 심리를 이용하는 것이죠.

영상 중에 비속어를 사용하는 채널

말은 그 사람의 인격을 나타냅니다. 대화에서 비속어를 자꾸 사용한다는 것은 그 사람의 인격을 나타내는 것입니다.

자료에 근거하지 않고 예상만 하는 채널

정확한 자료에 근거해야 합니다. 늘 예상만 하고, 팩트와 다른 내용만 이야기하면서 자기 주장을 펼치는 채널은 피하세요.

말을 바꾸지 않는 채널(결과 예측)

투자에 있어 현재의 상황보다 중요한 것은 없습니다. 현재 상황이 완전히 바뀌었다면, 투자의 방향도 완전히 바뀌어야 합니다. 예를 들면, 저는 2019년 말 2020년 한국 주식 시장 상승에 대한 기대가 상당히 컸습니다. 하지만 3월에 코로나 바이러스의 영향으로 모든 것이 변했습니다. 그렇다면 상승보다는 하락으로 변경되었겠죠. 그럼에도 불구하고 2019년 말에 제가 한 이야기만 고집한다면, 그것만큼 어리석은 투자자가 없습니다.

유료방으로 유도하는 채널

절대 가지 말아야 할 것이 유료방입니다. 돈을 내고 종목 추천과 매수, 매도 타이밍을 안내 받는 것입니다. 결국 유튜브 채널을 운영하는 것이 유료방으로 유도하기 위한 목적이라면 절대로 가지 마세요.

〈절대 이런 유튜브 채널은 가지 말자〉
- 부정적인 단어만을 쓰는 채널
- 영상 중에 비속어를 사용하는 채널
- 자료에 근거하지 않고 예상만 하는 채널
- 말을 바꾸지 않는 채널(결과 예측)
- 유료방으로 유도하는 채널

주린아, 주식은 사 모아서 리밸런싱만 하면 되는 거야

03

행운에
속지 말자

나심 니콜라스 탈렙의 《행운에 속지 마라》에는 이런 내용이 있습니다. "멍청한 낙관론자는 강세장에서 돈을 벌지만, 이 돈으로 자산을 더 사들이면서 가격을 높이다가 마침내 자금이 바닥나게 된다. 한편, 비관론자는 강세장에서 돈을 벌지 못해 망한다"는 것입니다. 투자에 있어서는 낙관론자와 비관론자 모두 수익을 얻기 힘들다는 뜻입니다.

주식 투자를 처음 시작하면 많은 분들이 단기간의 짜릿한 수익을 맛보게 됩니다. 다른 곳에서는 장기간에 걸쳐 얻을 수익을 주식 시장에서는 매우 짧은 시간에 얻을 수 있습니다. 특히나 초심자에게 찾아오는 이 행운은 결국 투자자의 자금을 바닥나게 만듭니다. 왜냐하면 수익을 얻은 이유를 모르기 때문입니다.

복권을 사서 당첨이 되면, 그다음에 또 당첨될 확률은 매우 적습니다. 이유를 모르는 수익은 복권과 같다는 것이죠. 행운에 속지 말아야 합니다. 나심 니콜라스 탈렙은 투자자가 중심을 잃을 때 큰 손실을 맛보게 된다고 말합니다. 결국 낙관론도 비관론도 주식 시장에서는 독입니다. 주식 시장에서 돈을 버는 사람은 어디서든지 돈을 벌 수 있는 사람입니다. 주식 시장에서는 겸손해야 합니다. 오늘의 수익이 내일의 손실로 다가올 수 있습니다.

수익과 손실의 이유를 찾을 때 외적인 요인만 찾는 것도 문제입니다. 결국 투자를 계획하고 실행하는 사람은 나뿐입니다. 그 누구에게도 영향을 받지 않아야 합니다. 초심자들의 가장 큰 실수가 나는 아무것도 모르니까 투자 잘하는 사람을 따라가면 된다고 생각하는 것입니다. 아무것도 모른다면, 알 수 있도록 공부를 해야죠. 누군가를 따라서 큰 자금을 넣기 전에 아주 작은 투자 자금으로 경험을 쌓아야 합니다. 수익은 얻고 싶은데, 아는 것은 없고, 손실은 입기 싫다고 하면 앞뒤가 하나도 맞지 않는 궤변이죠.

코로나 바이러스 이후 엄청난 강세장이 이어지고 있습니다. 결국 이런 시장에서도 수익을 얻는 사람이 있는 반면, 손실을 입고 시장을 떠나는 사람이 있습니다. 행운은 말 그대로 우연한 일입니다. 우연한 일이 계속되길 바라는 것은 근거 없는 탐욕입니다.

앞서 말했듯 투자는 좋은 기업과 함께했을 때 수익을 나누어 가지는 행위입니다. 내 돈을 한순간에 10배, 100배로 불려주기를 바라는 도박장의 겜블러가 되지 맙시다. 그리고 한순간 찾아온 행운을 실력으로 착각해서 더 많은 손실을 입는 어리석은 사람이 되지 맙시다. 진정한 승자는 상승기에 수익을 올리고 살아남는 자가 아니라, 하락기에 조금의 수익이라도 꾸준히 올리면서 훨씬 더 행복하고 여유로운 삶을 살아가는 사람입니다. 큰 자금을 운용하며 꾸준히 적은 수익률을 올리는 것이, 적은 자금을 운용하며 큰 수익률을 올리는 것보다 수익금이 더 큽니다.

- 1억 원의 3% 수익 – 수익금 300만 원
- 1,000만 원의 20% 수익 – 수익금 200만 원

04

부자 아빠
가난한 아빠

로버트 기요사키의 저서 《부자 아빠 가난한 아빠》는 투자자들에게는 필독서라고 할 수 있습니다. 내용에 앞서 간단하게 제 서평을 말하자면 "로버트 기요사키에게 부자 아빠가 있었다는 사실도 중요하지만, 부자 아빠와 가난한 아빠 둘 다 경험할 수 있었다는 사실이 더 중요하다. 어떤 상황에 놓이든지 배울 점을 찾는 것이 중요하지, 그 상황 자체가 중요한 경우는 별로 없다"입니다.

기요사키가 뭔가를 구입하려 할 때 가난한 아빠는 "그런 것 살 돈 없다"는 대답을 했습니다. 이 상황에서 배울 점은 쓸데없는 기대를 갖지 않도록 해주는 것이라고 생각합니다. 이 대답을 통해 집안 사정을 알게 되고, 갖고 싶은 것을 마음대로 가질 수 없다는 것을 알게 됩니다. 반면 부자 아빠는 돈이 없다는 말을 입에 담지 못하게 하고 "내가 그것을 갖기 위해서 무엇을 할 수 있을까를 생각해봐라"라고 말합니다. 이 상황에서 배울 점은 가질 수 없다는 결론을 내기 이전에 가질 수 있는 방법을 찾는 것입니다. 현실에 순응하지 말고, 계속 변화하고 도전하라는 말일 것입니다.

어떤 일이든 결론을 내버리면, 더 이상 나아갈 수 없습니다. 거기서 멈추게 됩니다. 이미 결정되었기 때문입니다. 하지만 결론을 내기 전에 그 일을 어떻게 하면 성공시킬 수 있을까 생각하는 방법은 결론을 열어두게 됩니다. 결국 못 갖게 될 수도 있지만, 갖게 될 수도 있는 결론을 열어둔다는 말입니다. 한 가지에 치우치는 사고는 좋지 않습니다. 가난한 아빠는 배울 점이 없고, 부자 아빠에게는 배울 점이 많다는 편향적인 사고 역시도 이미 결론을 내고 있는 것이 아닐까요?

저는 부자가 되는 10단계 중 "매일같이 선택하라 : 선택의 힘", "가르치라 그러면 받으리라 : 주는 것의 힘" 이 두 가지가 제일 인상 깊었습니다. 우리는 매일 선택하는 삶을 살고 있습니다. 어떤 것을 선택하느냐에 따라서 내 인생이 통째로 바뀔 수도 있습니다. 따라서 선택하는 힘을 길러야 합니다. 그리고 가르칠 수 없는 지식은 나의 것이 아닙니다. 내가 알고 있다고 생각하는 것이지 진짜 알고 있는 것이 아닙니다. 가르칠 수 있을 때 그 지식은 온전히 내 것이 됩니다. 또한 그 가르침을 통해 누군가가 도움을 받았다면, 결국 그것은 나에게 돌아오게 되어 있다고 믿습니다.

05

투자 관련
스마트폰 앱

제가 쓰고 있는 스마트폰 앱을 소개합니다.

〈한국 주식〉

일단 증권사를 통해야만 주식 거래를 할 수 있으므로 증권사에서 제공하는 앱은 제외하겠습니다.

〈자료 45〉 증권플러스 앱 화면   〈자료 46〉 증권플러스 앱 화면

증권플러스(안드로이드, 아이폰)

   증권사에서 매수한 종목을 불러올 수 있으며, 종목에 대한 공시와 뉴스를 확인할 수 있습니다. 증권사마다 불러올 수 있고, 수익률, 수익금, 매수금, 평가금을 표시해주니 편합니다. 한국 주식뿐만 아니라, 전 세계 주요 증시를 확인할 수 있습니다(실시간은 아님).

네이버 증권(네이버 앱으로 접속) m.stock.naver.com

   앱은 아니지만 스마트폰으로 네이버에 접속해 금융으로 들어가면, 엄청나게 많은 정보를 볼 수 있습니다. 해외 주식의 종목 시세도 확인할 수 있습니다(실시간 시세는 아님). '내 자산'이라는 항목에서 증권사를 연결해놓으면 각 증권사의 평가 금액을 합쳐서 총 자산으로 확인할 수 있어 편리합니다.

〈해외 주식〉

〈자료 47〉 Webull 앱 화면   〈자료 48〉 Webull 앱 화면

Webull

미국 주식의 실시간 시세를 확인할 수 있습니다. 나만의 리스트를 만들 수 있고, 시가 총액, EPS, PBR, 차트, 재무제표, 배당, 실적 발표 등 많은 정보를 확인할 수 있는 무료 앱입니다.

〈자료 49〉 CNBC 앱 화면　　〈자료 50〉 CNBC 앱 화면

CNBC

미국 주식 관련 뉴스를 알람을 통해 확인할 수 있고, 나만의
리스트를 만들 수 있습니다. 장 전, 장 후의 시세도 확인할 수 있
는 무료 앱입니다.

06
꼭 참고해야 할
투자 관련 웹사이트

〈한국 주식〉

한경컨센서스(http://consensus.hankyung.com/)

각 증권사가 발표한 국내 기업에 대한 리포트를 한곳에서 검색할 수 있습니다. 기업 분석을 위해서는 반드시 알아야 할 웹사이트입니다.

어닝리비전(미래에셋대우)

미래에셋대우에서 매주 발표하는 어닝리비전(기업이익 조정 비율)을 통해 국내 기업의 실적뿐만 아니라 해외 기업의 실적도 파악할 수 있습니다. 개별 기업의 실적은 나와 있지 않지만, 각 섹터별 실적 예상치가 나와 있습니다. 매주 월요일 새벽에 발표되는데, 어닝리비전을 통해 한 주의 주가 흐름을 예상해봅니다. 미래에셋대우 웹사이트에 회원가입을 해야 검색이 가능합니다.

한국포스증권(구 펀드슈퍼마켓, http://www.fosskorea.com/)

펀드에 대한 거의 모든 자료가 이 사이트에 담겨 있습니다. 내가 가입한 펀드의 경우는 각 증권사별로 자료를 제공하고 있지만, 관심을 두고 있는 펀드에 대한 객관적인 자료를 찾아보려면 이 사이트를 방문하면 됩니다.

〈미국 주식〉

미국 주식에 대한 정보를 얻을 때, 영어라서 부담되는 분들은 구글의 크롬브라우저를 통한 한국어 번역을 이용하는 것을 추천합니다.

핀비즈(https://finviz.com/)

개별 종목에 대한 폭넓은 자료가 있습니다. 제가 가장 즐겨보는 부분은 S&P500 종목을 시가 총액 크기와 상승, 하락을 색상으로 나타내 한눈에 보여주는 것입니다.

야후파이낸스(https://finance.yahoo.com/)

해외 증시와 원자재 등 한눈에 볼 수 있는 지표를 제공합니다. 해외 뉴스와 시황을 빠른 시간에 전달합니다.

알파스트리트(https://news.alphastreet.com/)

미국 기업의 실적 발표를 한눈에 볼 수 있게 정리해놓은 그 래픽을 제공합니다. 실적 시즌에 실적을 확인할 때 주로 이용 합니다.

CNBC(https://www.cnbc.com/)

개별 종목의 주식 가격 및 차트, 해외뉴스 등을 한 번에 볼 수 있는 사이트로 계정을 등록하면, 감시 종목을 설정할 수 있습 니다.

프로펠러(https://propelor.com/)

계정을 등록하고, 보유 종목을 입력하면 배당금을 자동으로 계산해주는 사이트입니다. 1년 동안의 총 배당금과 배당률 등을 한눈에 확인할 수 있도록 해줍니다.

Part 7

펀드 투자
노하우

01

펀드도 잘 골라야
돈이 된다

펀드는 특정한 목적을 위해 모아진 자금을 자산운용회사가 투자자들을 대신해 운용하는 금융상품입니다. 주식형 펀드에 가입한 사람은 주식 투자를 하고 있는 것과 같습니다. 주식형 펀드는 자산의 60% 이상을 주식에 투자합니다. 주식형 펀드의 포트폴리오를 참고하세요.

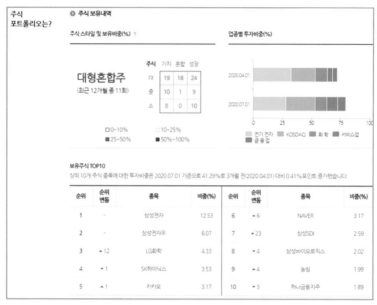

<자료 51> 주식형 펀드의 포트폴리오

삼성전자, LG화학, SK하이닉스, 카카오, NAVER, 삼성SDI, 삼성바이오로직스, 농심, 하나금융지주 주식을 보유하고 있는 펀드이기 때문에 주식 투자를 하는 것과 똑같습니다. 단지 자산운용사에서 운용을 맡아주고 있는 것이죠. 그래서 펀드에는 보수를 지불하게 되어 있습니다.

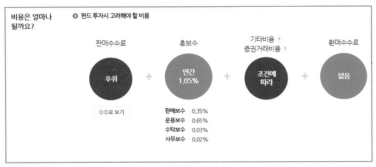

<자료 52> 펀드 비용(수수료)

　내가 직접 운용하지 않고, 운용사에 맡기는 대신 수수료를 지불하는 것이죠. 그러면 아무 펀드나 가입해서 장기 투자하면 수익을 얻을 수 있을까요? 그렇지 않습니다. 펀드도 주식처럼 투자 습관을 형성하고, 똑같이 분석하고, 분할 매수, 분할 매도를 실행해야 합니다. 펀드도 잘 골라야 돈이 된다는 말입니다. 코스피를 이긴 주식형 펀드가 생각보다 많지 않습니다.

코스피를 이긴 액티브 주식형 펀드

(단위 : 억 원, %)

구분	펀드명	운용 설정액	연초 이후	1년	2년	3년	5년
	코스피지수 변동률		-5.82	-7.61	-18.27	-0.42	4.38
중소형	한국밸류10년 투자 중소형	231	5.13	13.33	1.48	17.71	11.46
	마이다스미소 중소형주	1,106	4.63	11.13	-0.54	28.32	19.08
	마이다스신성장 기업 포커스	1,170	3.51	7.32	0.78	24.98	22.75
	KTB리틀빅스타	67	-1.93	4.52	-2.55	32.76	12.63
고배당	미래에셋 고배당 포커스연금저축	323	0.81	7.23	4.15	25.45	24.36
	미래에셋 고배당 포커스	1,083	0.77	7.1	3.89	24.98	23.61
	한국밸류 10년 투자 배당	1,379	-1.1	6.8	-0.73	10.63	16.47
IT	하나UBSIT코리아	1,150	7.28	11.04	4.45	32.45	27.93

출처 : 에프앤가이드

그러면 왜 펀드투자를 알아야 할까요? 개별 종목 주식에 직접 투자하면 되는 것 아닌가요? 그 이유는 연금저축펀드, 퇴직연금, 개인형 IRP 때문입니다. 근로소득이나 사업소득이 발생하는 분들은 이 3가지 상품 중 1가지 이상은 가입되어 있습니다. 세액공제 때문이든, 노후준비 때문이든 어떤 이유에서겠죠. 3가지 상품은 개별 종목 주식에 투자하지 못하고 펀드 또는 예금에만 투자할 수 있습니다. 따라서 3가지 상품으로 수익을 얻고자 하는 분들은 펀드에 대해서도 공부를 하고, 주식과 똑같은 투자 습관을 길러야 합니다. 오히려 3가지 상품을 통해 투자하는 자산이 노후에 사용될 자산이기 때문에 더욱 중요합니다.

〈펀드 고르는 법〉

- 포스증권 사이트(www.fosskorea.com)를 이용한다(구 펀드슈퍼마켓).
- 운용 규모는 500억~1000억 원으로 검색한다(중형급 펀드).
- 평가 등급이 높은 펀드를 검색한다.
- 유형과 보수 등을 비교해 펀드를 선택한다.

펀드를 고를 때 가장 중요한 한 가지는 최근 수익률이 높은 상품이 앞으로 계속 높은 수익률을 보장하지는 않는다는 것입니다. 펀드도 잘 선택하고, 분산 투자하고 리밸런싱을 해야만 자산을 늘릴 수 있습니다.

02

내 펀드 잘 굴러가고 있는지
감시하자

펀드도 상품입니다. 제가 제일 처음 가입했던 펀드 상품은 2008년 '미래에셋디스커버리'입니다. 당시 7,000억 원이 넘는 수탁고를 기록했던 역사적인 펀드입니다. 그런 좋은 펀드가 2020년까지 좋은 펀드로 남아 있을까요? 현재 수탁고는 300억 원대입니다. 그때 가입한 상품을 지금까지 장기 투자하고 있다면 어떤 결과가 나왔을까요?

過去 수익률은 어땠나요? ☑ 대표클래스 정보로 보기 ⓘ 미래에셋 디스커버리증권투자신탁5호 (주식) A

대표클래스펀드 설정일 2008.03.25

▶ 기간수익률　수익률 계산기　　기준일 : 2020.09.11

구분	1개월	3개월	6개월	1년	2년	3년	5년	설정후
수익률	-0.18%	13.03%	25.17%	26.33%	12.70%(연6.15%)	8.37%(연2.71%)	18.97%(연3.53%)	28.48%
비교지수	-0.08%	8.44%	19.59%	17.77%	7.77%(연3.81%)	2.96%(연0.98%)	33.46%(연5.94%)	50.01%
유형평균	0.09%	11.14%	22.29%	17.91%	3.57%(연1.77%)	1.68%(연0.56%)	8.61%(연1.66%)	-
%순위	67/100	35/100	36/100	27/100	22/100	35/100	54/100	

〈자료 54〉 미래에셋디스커버리 수익률

　설정 후 수익률은 28% 정도입니다. 12년 동안 28%의 수익률입니다. 비교지수는 50%의 수익률을 기록하고 있습니다. 처음 펀드가 만들어지고 나서 수익률이 좋은 펀드라고 해서 몇 십 년 동안 좋은 수익률을 내기는 쉽지 않습니다. 따라서 내 펀드가 잘 굴러가고 있는지 감시해야 합니다. 주식의 개별 종목을 매수하고 감시하듯이 말이죠.

　3개월 구간 수익률을 참고하면 됩니다. 분기별로 수익률을 나타내고 있습니다. 여기서 중요하게 보셔야 할 항목은 수익률과 비교지수, 그리고 상위 50위 이내 성과를 올린 횟수입니다. 수익률은 비교지수보다 높아야 좋은 펀드입니다. 한 분기 정도는 비교지수보다 수익률이 떨어질 수 있으나 2분기 연속, 또는 3분기 연속 떨어진다면 그 펀드는 매도를 고려해보아야 합니다. 그리고 상위 50위 이내의 성과를 올린 횟수가 많을수록 좋은 펀드

구분	2017년	2018년				2019년				2020년		
	11월	2월	5월	8월	11월	2월	5월	8월	11월	2월	5월	8월
수익률(%)	6.18	-2.44	-1.22	-5.35	-10.77	3.43	-6.99	-0.59	3.41	0.57	2.94	19.49
비교지수(%)	5.50	-3.81	-0.62	-3.49	-9.57	4.59	-7.02	-1.85	6.86	-3.16	0.11	14.47
유형(소)평균(%)	4.26	-0.43	0.34	-5.52	-9.85	4.57	-5.72	-5.25	4.46	-4.16	1.97	14.92
유형(소) %순위	32	83	89	49	62	72	64	4	75	8	32	21
유형(대) %순위	33	74	81	58	62	77	64	4	73	12	34	25

* 비교지수는 펀드평가사(제로인)가 부여한 비교지수로 투자설명서의 비교지수와 다를 수 있습니다.
* 유형(소) 평균 및 유형(대/소) %순위는 펀드평가사(제로인)에서 제공된 데이터 입니다.

최근 3년(2017.09~ 2020.08)의 3개월 단위 12개의 구간수익률이,
동일 유형(소) 안에서 상위 50위 이내의 성과를 올린 횟수는 **총 6회**입니다.
(구간수익률이 비교지수 대비 초과성과를 낸 횟수는 총 7회입니다.)

〈자료 55〉 미래에셋디스커버리의 3개월 구간 수익률

입니다. 최근 3년 동안 분기별 구간 수익률이 50위 이내의 성과를 올린 횟수가 적어도 6회 이상은 되어야 합니다. 10회 이상이면 우수한 펀드입니다. 펀드를 감시하는 일은 꼭 해야 합니다. 그렇지 않으면 상품의 내용도 알지 못한 채로 내 자산이 손실을 입게 됩니다. 저절로 불어나는 자산은 없습니다. 계속 신경 쓰고 감시하고 실력을 키워야 비로소 자산은 불어나기 시작합니다.

03

펀드 감시의 1인자
벤치마크

벤치마크란?

투자의 성과를 평가할 때 기준이 되는 지표를 말합니다. 투자 수익률이 벤치마크보다 높으면 초과 수익을 달성한 것으로 보아 성공적인 투자로 평가합니다.

펀드에 가입하기 전 꼼꼼히 살펴봐야 하는 것이 투자 설명서입니다. 투자하기에 앞서 펀드 상품의 설명서를 읽지 않는 건 부동산을 구입할 때 실물을 보지 않고 거래하는 것과 같습니다. 다음 그림은 투자 설명서 중 투자 실적 추이를 숫자로 보여주는 부분입니다.

투자실적추이 (연평균 수익률)	종류	최초설정일	최근 1년 2019/04/20~ 2020/04/19	최근 2년 2018/04/20~ 2020/04/19	최근 3년 2017/04/20~ 2020/04/19	최근 5년 2015/04/20~ 2020/04/19	설정일 이후
	수수료선취- 오프라인형(A1)	2009-04-20	-2.35	-5.76	4.29	4.77	8.87
	비교지수(%)	2009-04-20	-13.58	-12.23	-3.62	-2.23	3.37
	수익률 변동성(%)	2009-04-20	27.6	22.17	19.82	17.73	16.68

(주1) 비교지수: KOSPI*100% (비교지수 성과에는 투자신탁에 부과되는 보수 및 비용이 반영되지 않음)
(주2) 연평균 수익률은 해당기간 동안의 누적수익률을 기하평균방식으로 계산한 것으로 집합투자기구 총비용 지급 후 해당기간 동안의 세전 평균수익률을 나타내는 수치입니다.
(주3) 수익률 변동성(표준편차)은 해당기간 펀드의 연환산 주간수익률이 평균수익률에서 통상적으로 얼마만큼 등락했는 지를 보여주는 수치로서, 변동성이 높을수록 수익률 등락이 빈번해 펀드의 손실위험이 높다는 것을 의미합니다.

〈자료 56〉 투자 설명서에 표기된 벤치마크(비교지수)

벤치마크(비교지수)로 KOSPI를 사용하고 있습니다. 벤치마크가 중요한 이유는 내가 가입한 펀드와 비교할 수 있는 기준이 되기 때문입니다. 앞의 표를 보면, 벤치마크를 보기 전에는 수익률이 마이너스인 구간도 있고, 설정일 이후 8%의 수익이 매우 낮은 수치로 생각됩니다. 하지만 비교지수의 수익률과 비교했을 때는 낮은 수치로 생각되던 숫자들이 꽤 괜찮은 숫자로 보입니다. 이것이 벤치마크를 신경 써야 하는 이유입니다. 펀드에 편입된 종목의 수익률은 상승 또는 하락합니다. 2가지 이외에는 없습니다. 그래서 펀드의 수익률도 상승 또는 하락합니다. 그러면 어느 정도의 상승과 하락이 있었는지 펀드의 수익률만 보고는 알 수 없습니다.

예를 들어, 내가 학교에서 시험을 봤는데, 90점을 맞았다고 합시다. 점수만 보고는 내가 잘한 건지 못 한 건지 알 수 없지만, 시험을 본 전국 학생의 성적을 확인해보면 알 수 있습니다. 기준이 되는 성적과 비교해 나의 위치를 알 수 있기 때문입니다. 벤치마크는 이런 기능을 위해 존재합니다. 펀드에 편입되어 있는 개별 종목의 하락 때문에 펀드의 수익률은 떨어질 수 있으나, 그 기간 벤치마크의 수치가 더 하락했다면, 그 펀드는 운용을 잘하고 있는 것입니다. 하지만 그 반대의 경우도 생기겠죠. 2분기 이상 지속된다면, 펀드 매도를 고려해봐야 합니다. 벤치마크가 없다면 수익률을 그저 플러스인지 마이너스인지로 인식해서 펀드의 성적을 정확히 파악할 수 없습니다.

❸ 3개월 구간수익률 ○차트보기 ◉표보기

구분	2017년 11월	2018년 2월	5월	8월	11월	2019년 2월	5월	8월	11월	2020년 2월	5월	8월
수익률(%)	6.44	3.43	2.13	-3.77	-11.69	4.80	-3.50	-3.56	6.36	-0.43	10.25	23.13
비교지수(%)	5.50	-3.81	-0.62	-3.49	-9.57	4.59	-7.02	-1.85	6.86	-3.16	0.11	14.47
유형(소)평균(%)	4.26	-0.43	0.34	-5.52	-9.85	4.57	-5.72	-5.25	4.46	-4.16	1.97	14.92
유형(소) %순위	28	4	20	16	82	53	16	45	19	19	5	8
유형(대) %순위	30	7	22	31	75	61	18	46	30	18	10	15

* 비교지수는 펀드평가사(제로인)가 부여한 비교지수로 투자설명서의 비교지수와 다를 수 있습니다.
* 유형(소) 평균 및 유형(대/소) %순위는 펀드평가사(제로인)에서 제공된 데이터 입니다.

최근 3년(2017.09~ 2020.08)의 3개월 단위 12개의 구간수익이,
동일 유형(소) 안에서 상위 50위 이내의 성과를 올린 횟수는 총 10회입니다.
(구간수익률이 비교지수 대비 초과성과를 낸 횟수는 총 8회입니다.)

〈자료 57〉 벤치마크 비교 시 중요한 3개월 구간 수익률

3개월 구간 수익률을 보면, 벤치마크(비교지수) 대비 높은 성적을 거두고 있음을 알 수 있습니다. 그리고 동일 유형 안에서 상위 50위 이내의 성과를 올린 횟수도 총 12회 중 10회로 2회를 제외한 모든 기간에서 상위 50위 이내의 성과를 올렸습니다. 아

직까지는 매우 훌륭한 펀드죠. 아직까지라는 말을 사용한 이유는 펀드는 언제든지 운용 철학이 변할 수 있는 상품이고, 편입 종목도 바꿀 수 있는 상품이기 때문입니다. 펀드에 투자하고 나서도 계속해서 상품을 감시해야 하는 이유가 거기에 있습니다. 그 감시의 기준이 되는 것이 벤치마크입니다.

04

1년에 한 번만 감시해도 되는
TDF

> **TDF(Target Date Fund)란?**
> 투자자의 은퇴 시점을 목표 시점(Target Date)으로 해 생애 주기에 따라 펀드
> 가 포트폴리오를 알아서 조정하는 자산배분 펀드입니다.

401K란 뭘까?

TDF를 알아보려면, 먼저 401K에 대해서 알아야 합니다. 401K
는 미국 근로자들의 퇴직연금 제도입니다. 매달 일정액의 퇴직
금을 회사가 근로자의 계좌로 넣어주면 근로자가 이를 운용합
니다. 우리나라 퇴직연금 중 DC(확정기여형 퇴직연금)와 같은 방
식이라고 할 수 있습니다. 미국도 1980년대에는 회사가 운용을

책임지는 DB(확정급여형 퇴직연금)형이 주를 이루다가 1990년
대부터 DC형이 활성화됐고, 2009년 오바마 정부가 401K 자동
가입제를 도입한 이후 규모가 커졌습니다. 401K 제도의 장점은
'세금공제'와 '매칭'에 있습니다. 납입액과 수익에 대해서 세금
공제를 받을 수 있고, 매달 근로자가 적립하는 금액의 일정 비율
을 매칭 자금으로 지원해줍니다. 따라서 401K 제도를 통해서 많
은 자금이 주식, 채권, 예금 등으로 흘러가게 됩니다.

TDF는 뭘까?

생애주기 반영	글로벌 자산배분	주기적 리밸런싱
투자자가 나이 들어감에 따라 보유 자산의 형태와 구성도 달라지므로, 생애주기에 따라 자산관리에도 변화를 주어야 합니다.	연금투자는 초장기(超長期) 투자이므로, 다양한 지역과 자산에 분산투자하여 불확실성을 관리하면서도 추가 수익을 창출할 수 있어야 합니다.	모든 투자자가 투자 전문가일 수 없고 개인의 일상이 바쁘기 때문에 펀드가 알아서 주기적으로 투자 포트폴리오를 조정할 수 있어야 합니다.

〈자료 58〉 TDF의 장점 　　　　　　　　　　　　　　출처 : 삼성자산운용

　'주식을 하든 채권을 하든 뭘 알아야 하지?'라고 생각하는 가
입자들에게 답이 될 수 있는 것이 바로 TDF입니다. 앞서 그림에
나와 있는 3가지를 내가 직접 운용하면서 자산배분, 리밸런싱을
하기는 불가능하다고 보면 됩니다. 물론 직접 하게 되면 더 많
은 수익을 얻을 수도 있겠죠. 하지만 손실을 입을 수도 있다는
것을 간과해선 안 되겠습니다.

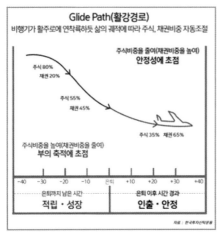

<Glide Path(활강경로)>

〈자료 59〉 글라이드패스　　　출처 : 한국투자증권

　이렇게 비행기가 착륙하듯이 노후 소득을 안정적으로 가져갈 수 있도록 해주는 것이 TDF입니다. 그리고 제가 강조하는 3가지 중 하나인 '분산 투자'도 글로벌 분산 투자로 거의 완벽하게 되어 있습니다. 리밸런싱도 생애주기에 맞춰서 잘 해줍니다. 그러면 TDF에 넣어두고 신경 안 쓰면 될까요? 아닙니다. TDF도 상품입니다. 펀드 상품이죠. 펀드를 감시하듯이 감시해야 합니다. 내 자산을 지키는 일은 계속 관심을 갖고 신경을 쓰는 것입니다. 하지만 TDF는 6개월 또는 1년에 한 번 확인해보셔도 됩니다. 왜냐하면 한국에 출시된 TDF 상품 중 직접 운용하는 상품은 미래에셋자산운용의 상품밖에 없습니다. 모두 미국의 자산운용회사 상품에 위탁하고 있습니다. 오히려 미국 상품에 위탁하는 것이 안전합니다. 이미 엄청난 수탁고를 올리고 있고, 그

TDF 상품에 문제가 생긴다면 미국 가입자의 노후자금에 문제가 생기기 때문입니다. 2019년 기준 401K의 규모는 5조 달러 이상, 그중 TDF의 비중은 20%나 됩니다. 퇴직연금을 직접 운용해보고, 연금저축펀드의 계좌도 개설해서 TDF에 투자해보세요.

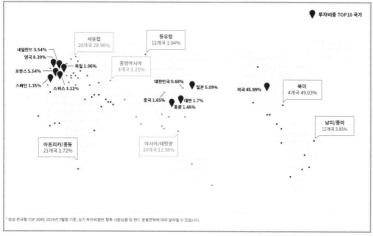

〈자료 60〉 글로벌 분산 투자되는 TDF

출처 : 삼성자산운용

05

펀드 투자의 시작,
연금저축펀드와 IRP

펀드 투자를 시작할 때 연금저축펀드와 IRP를 추천합니다. 연금저축펀드는 일반 펀드 계좌와 다른 점이 거의 없습니다. 다른 점이라면 세액공제를 받을 수 있는 상품이고, 이에 따른 과세이연이 되는 것입니다.

> **과세이연이란?**
> 원활한 자금 운용을 위해 자산을 팔 때까지 세금 납부를 연기해주는 제도입니다.

개인의 노후생활 보장 및 장래 생활안정을 목적으로 하는 장기저축상품으로
매년 납입액에 대한 세제 혜택과 함께 은퇴 이후(만 55세 이후 & 5년 이상가입)
연금수령이 가능한 은퇴전용 상품입니다.

연금저축종합안내 ›   연금이체신청 ›
🏛 금융감독원   (계약이전)

과세혜택

연금저축계좌는 연간 납입금액 한도
400(300)만 원까지 세액공제가 되며,
퇴직연금(DC/IRP)로 추가납입하면
총 700만 원 세액공제를 받을 수 있습니다.

※ 총급여액 1.2억원(1)(종합소득금액 1억원) 이하인
50세 이상의 연금계좌가입자는 세액공제 한도 200만원 인상
(금융소득 종합과세 대상자 제외, 적용기한 : 2020.12.31)

투자의 다양성, 자유로운 리밸런싱

국내자산, 국외자산, 특별자산군 등
다양한 자산군에 투자가 가능합니다.
환매수수료 없이 자유로운 줄납이 가능하며,
보수도 일반펀드에 대비하여 저렴합니다.

해외 투자시 절세효과

연금저축계좌로 해외펀드에
투자할 경우 과세이연 효과 및
저율과세가 적용됩니다.

〈자료 61〉 연금저축펀드의 장점   출처 : 삼성자산운용

연말정산을 하는 사람은 세액공제 혜택을 받을 수 있습니다.

세율 (지방소득세율 포함)

세액공제

종합소득 과세표준	세액공제 한도	세율	총 급여액 (근로소득금액만 있는 경우)	세액공제 한도	세율
4000만원 이하	400만원	16.5%	5500만원 이하	400만원	16.5%
4000만원 초과 1억원 이하		13.2%	5500만원 초과 1억 2000만원 이하		13.2%
1억원 초과	300만원		1억 2000만원 초과	300만원	

❶ 총급여액이 1억 2000만원(종합소득금액 1억원) 이하인 50세 이상의 연금계좌 가입자에 대해서는 세액공제 한도가 600만원으로
200만원 인상됩니다.(적용기한 : 2022.12.31.)

〈자료 62〉 연금저축펀드 세액공제율   출처 : 금융감독원

400만 원 한도만큼 연금저축 납입 시 ➡ 세액 공제액은 최대 66만 원

국가에서 한도를 정해놓고 일정 금액만큼 세액공제를 해주는 상품은 무조건 가입해야 한다고 생각합니다. 왜냐하면 한도를 정해놓았다는 것은 그만큼 상품이 주는 이득이 커서 혜택을 무한정 제공하다가는 국가의 손실이 크기 때문입니다. 이런 상품을 가입하고 납입해서 세액공제를 받지 않는다면, 이런 것이야말로 손실입니다.

또한 과세이연 상품이기 때문에 쉽게 인출할 수 없습니다. 단점이라고 생각하겠지만, 저는 이것이 가장 큰 장점이라고 생각합니다. 쉽게 인출할 수 없다는 것은 결국 비자발적 장기 투자가 가능하게 만들어줍니다. 그렇기에 연금저축펀드의 계좌 안에서 투자의 경험을 많이 쌓을 수 있습니다. 인출만 안 하면 되기 때문에 계좌 안에서 펀드를 매수하고, 매도하는 연습을 충분히 할 수 있습니다. 일단 연금저축펀드 계좌의 한도를 400만 원 채울 수 있다면, 그 이상의 자금은 IRP로 납입하는 것이 이득입니다.

IRP(Individual Retirement Pension)란?
개인형 퇴직연금을 말합니다.

근로 시 회사에서 적립되는 퇴직금에 추가해서 개인적으로 퇴직연금을 납입할 수 있습니다. IRP라는 상품입니다. 따라서 IRP는 사업자 또는 직장에 다니고 있는 사람만 계좌를 만들 수 있

습니다. 각 증권사에서 비대면으로 IRP계좌를 만들 수는 있으나, 사업자등록증 또는 건강보험자격득실확인서를 제출해야 계좌의 한도를 설정할 수 있습니다.

연금 계좌의 세액공제 한도는 연금저축이 연간 400만 원(단, 총 급여가 1억 2,000만 원 초과 시 300만 원), 퇴직연금은 연간 700만 원(연금저축액 포함)입니다.

연금저축을 포함해 퇴직연금을 연간 700만 원 한도로 세액공제 가능하기 때문에, 연금저축으로 400만 원 한도를 채울 수 있다면 IRP는 나머지 300만 원을 납입해 세액공제를 받는 것이 이득입니다.

연금저축펀드, IRP 계좌에서는 개별 종목에 투자할 수 없습니다. 펀드 또는 예금에 투자해야 합니다. 따라서 펀드 투자를 경험하고 연습하기에 참 좋은 상품입니다. 지금 바로 계좌를 만들어보세요.

06

지수가 폭락했는데,
연금저축을 시작해도 될까?

코로나 바이러스가 확산될 때 한국 주식 시장은 코스피지수가 한때 1400포인트까지 하락했습니다. 그 당시 어디까지 내려갈지 아무도 알지 못했고, 언제 반등할지도 몰랐습니다. 저는 많은 사람에게 질문을 받았습니다. "지수가 폭락했는데, 지금 연금저축을 시작해도 되나요?" 그때마다 저는 이렇게 대답했습니다.

> **"안 좋으니 시작하셔야죠."**
> **"좋을 때 시작하면, 떨어질 날만 남은 것입니다."**
> **"변동성이 적은 펀드를 선택하세요."**

주린아, 주식은 사 모아서 리밸런싱만 하면 되는 거야

이 대답을 들은 사람들은 또 이렇게 질문했습니다. "그러면 지금은 주식 시장이 어디까지 내려갈지 모르니, 채권 펀드로 구성하고, 다시 주식 시장이 상승하면 조금씩 주식형 펀드로 이동하면 되지 않나요?"

이것이 바로 마켓 타이밍입니다.

지수가 오를지, 내릴지 알 수만 있다면, 주식 시장에서 손실을 얻는 투자자는 없을 것입니다. 주식 투자를 할 때 가장 경계해야 하는 것이 마켓 타이밍을 맞출 수 있다고 생각하는 것입니다. 그 누구도 마켓 타이밍은 알지 못합니다. 그것을 알 수 있다고 하는 사람을 만난다면 멀리하길 추천합니다. 어쩌다 맞춘 것이거나 사기를 치는 것, 둘 중 하나입니다. 둘 다 투자에 전혀 도움이 되지 않습니다.

펀드의 선택 기준이 현재 시점의 수익률이 아니기 때문에, 주식과 채권의 비율은 적절히 분산 투자해야 하지만, 마켓 타이밍을 고려해서 비율을 정하지는 말아야 합니다. 연금저축펀드는 분산 투자가 핵심이고, 선택한 펀드를 감시하고, 1년에 2번 정도의 리밸런싱이면 충분합니다.

07

퇴직연금?
DB, DC?

퇴직연금 제도란?

근로자의 안정적인 노후 생활 보장을 위해 회사가 근로자에게 지급해야 할 퇴직급여(퇴직금)를 금융회사(퇴직연금사업자)에 맡겼다가 근로자가 퇴직 시 일시금 또는 연금으로 지급하는 제도. 회사가 도산하는 등 문제가 생겨도 근로자는 금융회사로부터 퇴직급여를 안정적으로 받을 수 있다는 장점이 있다.

    퇴직금 제도를 사용하고 있는 기업도 아직은 많습니다. 퇴직금과 퇴직연금의 차이점은 아주 간단하게 설명하면, 누가 돈을 지급하느냐입니다. 회사에서 지급하면 퇴직금이고, 회사가 맡긴 금융회사에서 지급하면 퇴직연금입니다. 퇴직금으로 적립되고 있는지, 아니면 퇴직연금인지는 지금 다니고 있는 회사에 문의하면 됩니다.

퇴직연금 제도에는 총 3가지가 있습니다.

- 확정급여형(DB, Defined Benefit)
- 확정기여형(DC, Defined Contribution)
- 개인형 퇴직연금(IRP, Individual Retirement Pension)

확정급여형(DB)

기존의 퇴직금 금액과 동일한 DB형은 회사가 퇴직연금 재원을 금융회사에 맡겨 적립 및 운용하고, 근로자가 퇴직하면 정해진 금액을 지급합니다. 근무 마지막 연도의 임금을 기준으로 지급되기 때문에 장기근속이 가능하고 임금상승률이 큰 사람에게 적합합니다.

확정기여형(DC)

근로자 자신이 직접 운용이 가능한 DC형은 회사가 매년 임금 총액에서 일정 비율의 금액을 적립합니다. 따라서 임금 체불 위험이 있거나, 이직이 잦거나 임금 상승률이 낮은 사람에게 적합합니다.

개인형 퇴직연금(IRP)

퇴직 시 금액을 수령하거나, DB, DC 외에 추가적립을 원할 때 개설해 적립합니다.

이렇게 3가지가 있으니, 자신이 속한 회사에 문의해서 적립되는 퇴직금도 자신이 알고 투자하면 좋습니다. 퇴직금은 적지 않은 돈이고, 회사에서 운용하는 시스템은 거의 원금보장형에 투자하는 경우가 많기 때문에 물가 상승을 고려하면, 오히려 손실을 볼 가능성이 있습니다. 따라서 반드시 자신의 퇴직금이 어떻게 적립되고 있는지, 직접 운용이 가능한지 확인해보기를 바랍니다.

08

가입한 연금상품의
수익률을 확인하자

지금 당장 가입되어 있는 연금상품의 수익률을 확인해봅시다. 그 이유는 다음 그래프를 살펴본 후 이야기하겠습니다.

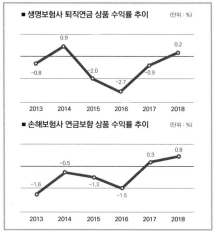

〈자료 63〉 각 보험사별 연금상품 수익률 추이   출처 : 제윤경 의원실

보험사 연금상품의 수익률이 거의 마이너스입니다. 손실이 나고 있다는 말이죠. 모든 상품이 그렇지는 않지만, 상품 수익률 추이라는 말은 평균값이라는 뜻입니다. 앞서 그래프에서 보여주는 수익률 그 이상을 기록하고 있을 확률이 매우 적다는 뜻이기도 합니다. 2015년부터 시행된 연금 이전 제도가 괜히 시작된 것이 아닙니다.

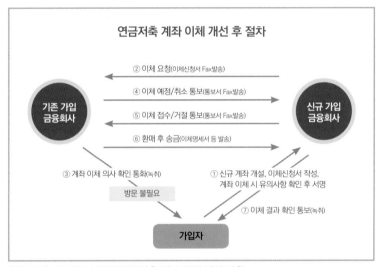

〈자료 64〉 2015년 시행된 연금저축 계좌 이체 개선 사항

지금은 더 간소화되어서, 세액공제를 받고 있는 연금저축보험상품은 해지 없이 그대로 증권사 연금저축펀드 계좌로 이체할 수 있습니다. 물론 지금까지 납입한 보험료 전체를 이체 할수 있는 건 아니고, 사업비와 각종 수수료 등을 제외한 현재 적

립된 부분을 이체할 수 있습니다. 연금상품은 말 그대로 노후에 쓸 자금을 미리 적립해서 연금으로 사용하는 상품입니다. 그런데 납입만 하고 사업비나 기타 수수료가 얼마나 차감되고 적립되는지, 수익률이 어느 정도인지, 투자되는 포트폴리오가 무엇인지도 모른 채 그저 납입만 하고 있는 분들이 주위에도 꽤 많습니다. 오늘 당장 수익률과 적립된 금액을 꼭 확인해보세요.

Part 8

자산 설계의
필요성

01

무료 재무 상담은
하지 말자

무료로 재무 상담을 할 수 있다면 참 좋겠죠. 재무 상담이라는 것이 그저 저축 얼마, 투자 얼마, 보험 얼마를 가입하라는 등 간단한 것이라면 굳이 상담하는 것 자체가 무의미할 것입니다. 하지만 재무 설계라는 영역은 한 사람의 인생 여정을 바꿀 수 있는 매우 중요한 부분입니다. 자본주의 시대 그리고 양극화 시대를 살아가면서 잘 모으고, 투자하고, 리스크를 보완하고 노후를 대비하는 것이 재무 설계의 핵심요소입니다. 이런 상담을 무료로 해주는 사람들을 경계할 필요가 있습니다.

> 비즈니스 관계에서 서로에게 이득이 되지 않는다면,
> 결국 손실을 입는 한쪽은 실망하게 됩니다.

고객의 이득에만 포커스가 맞춰져 있는 경우와 재무 상담을 해주는 사람(이하 설계사)의 이득에만 포커스가 맞춰져 있는 경우, 두 가지 모두 한쪽의 실망으로 비즈니스 관계는 깨지게 됩니다. 무료 상담이 그렇습니다. 설계사에게는 상품을 판매하는 것 외에는 수익이 없습니다. 그렇다 보니 상품을 통해 수익을 얻기 위해 여러 가지 노력을 합니다. 고객은 설계사의 말을 듣고 심사숙고하고 결정하기보다는 상품에 대해서 모른다는 이유로 결정을 설계사에게 맡깁니다. 여기서 많은 문제가 발생하죠. 한 가지 예를 들어보겠습니다.

저희 집 냉장고가 고장 나 A/S를 신청합니다. 기사님이 방문하고 냉장고를 점검합니다. 그때 냉장고의 전원플러그가 빠져 있는 것을 목격합니다. 이미 출장비가 책정되어 있는 경우와 출장비가 무료인 경우, 둘 중에서 기사님이 단순 전원플러그 문제였다는 것을 솔직하게 이야기할 경우는 어느 쪽일까요?(기사님의 도덕성을 판단하자는 이야기가 아니고 예를 든 것이니 양심에 대한 부분은 살짝 접어두세요) 출장비를 이미 받게 될 기사님은 솔직하게 점검내용을 이야기해줄 확률이 큽니다. 하지만 그렇지 않은 경우는 냉장고를 뜯어서 문제없는 부품을 교체하고 그에 따른 수익을 발생시키겠죠. 아주 간단한 문제입니다. 제가 더 이상 무료 상담을 진행하지 않는 이유가 여기에 있습니다.

> **서로 이득을 줄 수 있는 상황에서 최고의 시너지가 나옵니다.**

블로그나 유튜브를 통해 문의가 들어오고 만나서 상담을 진행해야 할 때, 유료 상담 비용을 입금을 받고 시간 약속을 합니다. 그렇게 하면 고객도 쓸데없는 상품 권유로 시간 낭비를 하지 않는 이득이 생기고, 저도 고객이 궁금한 부분에 대한 솔루션을 제공하면 되므로 서로 이득입니다.

그러니까 절대 무료 상담은 하지 마세요. 결국에는 설계사의 이득을 위해 상담을 하게 될 가능성이 큽니다. 물론 그중에도 양심 있는 설계사분들이 있습니다. 그러나 그분들을 만나기는 참 어렵습니다. 지인에게도 사기를 당하는 시대니까요.

02

주식, 부동산, 사업 ^{근로소득}을
함께해야 하는 이유

주식(채권), 부동산, 사업(근로소득) 이 3가지를 통해서 자산을 축적하고 늘려갈 수 있습니다. 현재로서는 한국에서 이외의 방법은 없습니다. 일단 사업(근로소득)으로 주식(채권)에 투자할 수 있는 소득을 마련해야 합니다. 그래서 그 어떤 것보다 사업(근로소득)이 매우 중요합니다. 간혹 전업 투자자가 되겠다며 퇴사를 결정하거나, 하고 있는 사업을 정리하는 분들이 있는데, 후회하고 다시 돌아가는 경우가 많습니다. 꾸준한 소득은 저축하기에 최적의 조건입니다. 저축한 돈을 주식 투자에 투입합니다. 기업 분석, 분산 투자, 분할 매수, 분할 매도의 순서대로 포트폴리오를 구성하고 리밸런싱을 통해서 자산을 계속 불려나갑니다. 어느 정도 수익이 나는 구간에 접어들면, 부동산 투자를 통해서 자산을 축적해나갑니다. 부동산 투자는 정기적인 소득(월세)이 발생하기도 하고, 장기 투자를 통한 시세 차익을 얻을 수 있는 좋은 투자입니다.

이 3가지를 순서대로 해나가야 하지만 결국에는 한 번에 3가지를 모두 해내야 합니다. 각각 1가지만 실행해서 부를 이룬 사람을 본 적이 없습니다. 적어도 2가지 이상, 3가지를 동시에 실행했을 때 부를 이루게 되더군요. 전 세계까지 갈 것도 없이 우리나라 부자 순위를 보면, 모두 주식과 부동산으로 자산이 형성되어 있습니다. 왜냐하면 부를 측정하는 요소가 주식과 부동산밖에 없기 때문입니다. 사업의 가치는 그 기업의 주식 가격에 반영되어 있기 때문입니다. 이렇게 말하면, 꼭 이런 질문이 생깁니다.

"1가지만으로도 벅찬데 어떻게 3가지를 동시에 할 수 있나요?"

맞습니다. 동시에 3가지를 실행하는 것은 쉽지 않습니다. 기억하세요. 1가지만으로는 부를 이룰 수 없습니다. 아주 작은 규모라도 2가지 이상 동시에 실행해야 합니다. 예를 들면 근로소득과 투자는 동시에 실행할 수 있습니다. 투자는 1원부터 할 수 있고, 투자 습관은 근로하면서 충분히 갖출 수 있는 것입니다. 작은 규모에서 시작해서 점점 키워가세요. 처음부터 뭔가 대단한 것을 실행하려는 욕심을 부리면 시작조차 할 수 없습니다. 시드머니(종잣돈)가 적은 분들은 시간의 힘을 믿는 수밖에 없습니다. 시드머니가 많은 사람은 돈이 불어나는 속도가 빠릅니다. 하지만 시드머니가 적은 분들은 꾸준히 투자 습관을 기르고, 좋은 투자처를 찾아서 계속 투자 자금을 늘려가야 합니다. 그 시간이 더디고 오래 걸립니다. 하지만 어쩔 수 없습니다. 시간의 힘을 믿는 일이 부를 이루는 확률을 높일 수 있는 유일한 방법입니다. 명심하세요. 1가지로는 부자가 될 수 없습니다.

03
돈 갚는 순서는
이렇게

먼저 부채의 정의를 알아봅시다. 로버트 기요사키 《부자아빠 가난한 아빠》에서는 이런 말이 나옵니다.

> **"자산은 내 지갑에 돈을 넣어준다.**
> **부채는 내 지갑에서 돈을 빼간다."**

이 말을 통해서 나쁜 빚과 좋은 빚을 구분할 수 있습니다. 나쁜 빚은 내 호주머니에서 돈이 나가는 빚이고, 좋은 빚은 내 호주머니에 돈이 들어오는 빚입니다.

나쁜 빛

주택담보대출(거주하는 집), 전세자금대출, 신용카드 할부, 리볼빙, 신용대출, 마이너스통장, 경험이나 노하우가 없는 부분에 투자한 레버리지, 고금리대출(원금을 함께 갚아나가는 경우)

좋은 빛

주택담보대출(월세를 받기 위한), 경험이나 노하우가 충분히 쌓인 부분에 투자한 레버리지, 대출 이상의 수익이 나오는 사업을 위한 대출, 저금리대출(이자만 납입하는 경우)

우리는 나쁜 빛을 먼저 갚아야 합니다. 현금흐름표를 작성하고 재무목표를 세우는 것이 좋습니다. 소득이 생기는 즉시 나쁜 빛을 상환하는 것이 첫 번째, 그 이후 남는 여유 자금으로 저축, 투자를 조금씩 해나갑니다. 소득의 전액을 빛을 상환하는 데 쓰는 것도 방법이지만, 저는 빛을 상환하면서도 저축, 투자의 습관을 길러나가는 것을 추천합니다. 빛만 갚기 시작해서 모든 빛을 청산하고 나면, 그 이후부터 저축, 투자하는 습관을 기르는 데 또 시간이 소요됩니다. 그 기간 동안 나쁜 빛이 또 늘어날 가능성도 크겠죠. 그렇게 되면 결국에는 빛을 지고, 갚고, 또 빛을 지고, 갚고의 연속입니다. 빛을 갚고, 저축과 투자로 체질을 개선하는 것은 절대로 쉬운 여정이 아닙니다. 빛을 갚는 것은 뼈를 깎는 고통이 수반되고, 다른 사람이 보기에는 궁상맞은 삶이 시작되는 것이며, 남들에게 부정적인 이야기를 많이 듣게 되는 여정입니다. 이 여정을 마쳤는데, 저축, 투자의 습관을 기르기 위해 또 시작하는 것은 쉽지 않습니다. 그리고 이 여정을 시작하기 전에 현금흐름표를 만들고 재무목표를 세우는 것이 아주 중요합니다(현금흐름표 양식은 제 블로그에서 다운받을 수 있습니다).

　명심하세요. 돈을 갚는 일은 절대로 쉬운 일이 아닙니다. 하지만 견뎌내면, 에베레스트처럼 보이던 자본이라는 거대한 산이 매일 그냥 습관처럼 오르내리던 익숙한 산이 되어 있을 것입니다.

> **부채를 분류하고, 나쁜 빚은 소득이 발생하는 즉시 갚아나간다.**
> **동시에 남는 여유자금으로, 저축, 투자를 병행해나간다.**

04
현금흐름표를 채우면
돈이 모인다

현금흐름		현재현금흐름		추천 현금흐름		단위 원
구분	항목	금액	비고	금액	비고	
지출	생활비	-				
	교육비					
	대출이자					
	소계					
저축	보험		보장자금			
	개인연금저축		노후자금			
	적립식펀드		교육자금			
	변액연금		노후자금			
	변액유니버셜		예비자금			
	소계					
기타	예적금(CMA,MMF)					
수입						
여유자금			-			

1	고정비 세부내역	단위 원
	교통	
	월세, 관리비	
	기부금	
	소계	-

2	생활비 세부내역	
	카드값	
	고정비	-
	기타	
	소계	-

〈자료 65〉 블로그에서 제공 중인 현금흐름표 시트

주린아, 주식은 사 모아서 리밸런싱만 하면 되는 거야

오른쪽 빨간색의 1번을 채웁니다. 교통, 월세, 기부금 등은 제가 임의로 써놓은 것이므로 사용자에 맞게 수정하면 됩니다. 다음에는 2번을 채웁니다. 매우 중요한 부분입니다. 생활비를 이렇게 기입해서 숫자로 본 적이 없을 것입니다. 저도 그랬습니다. 매월 나가는 카드 값은 예상한다기보다는 청구되는 금액을 보고 늘 놀라며 입금했습니다. 이런 상황 자체가 나쁜 빚에 노출되어 있다는 것이죠. 그리고 왼쪽 교육비 이하 예적금까지 기입합니다. 수입란에는 월 소득을 입력합니다. 제가 예시로 채워넣어보았습니다.

현금흐름		현재현금흐름		추천 현금흐름			단위 원	
구분	항목	금액	비고	금액	비고		1	고정비 세부내역
지출	생활비	2,800,000					교통	100,000
	교육비	1,000,000					월세, 관리비	200,000
	대출이자	2,000,000					기부금	300,000
	소계	5,800,000		-			소계	600,000
저축	보험	500,000	보장자금				2	생활비 세부내역
	개인연금저축	400,000	노후자금				카드값	2,000,000
	적립식펀드	200,000	교육자금				고정비	600,000
	변액연금	100,000	노후자금				기타	200,000
	변액유니버셜	100,000	예비자금				소계	2,800,000
	소계	1,300,000						
기타	예적금(CMA,MMF)	1,000,000						
	수입	8,000,000						
	여유자금	900,000		900,000				

〈자료 66〉 현금흐름이 잘 채워진 현금흐름표 시트

월 소득 800만 원이 있어야 여유 자금 90만 원이 생기는 상황이네요. 보통 처음 현금흐름표를 작성하면 거의 여유 자금이 마이너스로 나올 것입니다. 소득보다 늘 지출이 많았다는 이야기죠. 그러면 추천 현금흐름을 작성합니다. 최대한 줄일 수 있는 항목에 금액을 넣습니다. 다음 달은 추천 현금흐름의 숫자를 생각하며, 절약하는 삶을 살면 분명히 돈이 모입니다.

현금흐름표를 작성하고 지키려고 노력할 때 반드시 병행해야 하는 일은 신용카드를 점차적으로 없애는 것입니다. 신용카드는 부채입니다. 미래의 현금흐름을 당겨서 사용하는 부채덩어리입니다. 물론 신용카드를 모두 없애면 인터넷결제라든지 불편한 부분이 생기기 때문에 1장 정도만 남기고 모두 정리해나가는 것이 좋습니다. 한 번에 모든 신용카드를 잘라버리고 힘들어하지 말고, 일단 매달 1장씩 줄여나가 보세요. 신용카드를 버리고 체크카드나 현금을 사용하게 되면 이 부분에서 반드시 한 번 더 돈이 모입니다. 현금흐름표를 꼭 채워보고, 확인해보세요. 돈이 모입니다.

05
해지하면 손해,
가입은 신중해야 할 보험 설계

보험 1가지 이상은 누구나 꼭 갖고 있습니다. 이렇게 이야기하면 "저는 보험이 하나도 없습니다"라고 이야기하는 분들이 있습니다. 국가에서 제공하는 공적보험도 보험입니다. 건강의료보험, 고용보험, 국민연금, 장기요양보험 등 반드시 1가지 이상은 꼭 가입되어 있습니다. 이외에 민간사업자가 제공하는 보험도 1가지 정도는 모두 갖고 있습니다.

보험을 가입할 때 약관을 자세히 읽어보고, 상품에 대한 구조를 이해하는 분들이 많이 없습니다. 너무도 당연한 부분인데, 신경 쓰지 않습니다. 보험과 저축을 동시에 할 수 있다고 생각하는 분들도 있습니다. 저는 보험설계사이기도 하고, 증권사 소속 펀드 투자 권유대행인이기도 합니다. 두 가지 상품을 모두 공부하고 연구한 사람으로서 보험과 저축, 투자는 한 상품으로 해결할 수 없습니다. 따라서 보험 가입은 상당히 신중하게 진행되어야 할 필요가 있습니다. 예를 들어보겠습니다. 보장성 보험으로 매월 10만 원, 20년 동안 납입하는 경우에는 총 납입하는 보험료가 얼마일까요?

100,000원 X 12개월 X 20년 = 24,000,000원

2,400만 원짜리 계약을 약관도 보지 않고, 상품의 구조도 파악하지 않은 채, 지인의 권유로 가입하고 있습니다. 보험 계약은 교환과 환불이 불가능한 상품입니다. 그렇기 때문에 가입할 때 고려해야 할 사항이 정말 많다는 이야기입니다. 매월 10만 원을 납입하는 일은 한 달 수입을 생각할 때 그리 큰 금액은 아닐 수 있습니다. 하지만 2,400만 원짜리 상품을 20년 동안 할부로 구입한다고 생각하면, 그렇게 쉽게 자필사인을 하지 못할 것입니다. 거기에 더해서 가입한 후 상품에 대한 내용이 나의 라이프스타일과 어울리지 않는다고 생각한 순간 해지를 결심한다면 해지환급금에 또 한 번 놀라게 됩니다. 보험은 말 그대로 보험입니다. 저축상품이 아닙니다. 고객도 리스크를 감수하는 상품이고, 제공하는 회사도 리스크를 감수하는 상품이죠.

예를 들면 보험상품은 선취자산의 성격입니다. 가입하는 순간

보장금액을 선취하게 됩니다. 물론 보험에 대한 사고가 일어나야 약정된 보험금을 받게 되죠. 반면, 저축, 투자 상품은 후취자산의 성격입니다. 일정한 금액을 계속 모아서 이자를 받은 만큼 형성되는 자산입니다. 그래서 보험상품은 가입 후 얼마 지나지 않아 해지할 경우 회사에서 감수한 리스크만큼 비용을 제하고 지급합니다. 어찌 보면 당연한 상품 구조입니다. 문제는 상품이 아니라 완전판매를 하지 않는 설계사와 상품의 내용도 모른 채 아무 고민 없이 쉽게 가입하는 사람입니다.

재무 설계에서 보험의 요소는 상당히 중요한 위치에 있습니다. 보험은 갑자기 발생되는 사고에 직면하게 되는 리스크를 해결해주는 상품이죠. 보험은 보험으로 시작하고 끝나야 합니다. 보험을 저축으로 판매, 가입하거나 투자 상품으로 판매, 가입하는 것은 불완전판매일 가능성이 매우 큽니다.

Part 9

금융 초보
벗어나기

01
원금 보장, 안전 투자, 무손실 투자, 고수익?

예를 들겠습니다. 여러분이 제게 1억 원을 맡기면서 열심히 운용해서 1년 뒤에 수익이 나면 베스트, 손실이 발생해도 원금만 보장해주면 된다고 하면서 계약했다고 생각해보세요(운용수수료는 없는 것으로 하겠습니다). 과연 저는 이 1억 원을 어떻게 운용할까요? 생각은 각자 다르겠지만, 저는 그냥 0.5% 정도 이자를 주는 은행 예금에 넣어두고, 1년 후에 손실이 발생했다며, 원금을 돌려줄 것 같습니다. 그래도 저는 50만 원의 수익입니다. 아무것도 하지 않고 1년에 50만 원의 수익을 발생시킨 것이죠. 이것이 원금 보장의 함정입니다(다른 기관들이 이런 속임수를 쓴다고는 생각하지 않습니다).

원금 보장 = 열심히 일하지 않아도 된다.

특히나 한국에 투자한다는 상품은 더욱 핑계(?)를 대기 좋습니다.

코스피 ›

2,278.21 ▲ 27.17 (+1.21%)

1일 3개월 1년 3년 <u>10년</u> 일봉 주봉 월봉

코스닥	833.17	▲5.60
다우산업	26,664.40	▲236.08
나스닥	10,902.80	▲157.52
상해종합	3,361.16	▼6.81
니케이225	22,526.09	▲330.71
미국환율	1,193.40	▼2.30
WTI	41.01	▲0.74
국제금	1,966.00	▲3.20

2020.08.04. 11:33 장중

〈자료 67〉 박스권에 갇혀 있는 코스피

박스권 안에서도 수익을 내고, 자산을 증식시키는 투자자는 분명 있습니다. 그 어떤 에너지도 쏟지 않고, '원금 보장', '안전 투자', '무손실 투자', '고수익'이라는 단어에만 집중하고 있다면, 단언하건대 단 1원도 수익을 가져가지 못할 것입니다. 왜냐하면 원금 보장, 안전 투자, 무손실 투자, 고수익은 존재하지 않는 단어이기 때문입니다. 하나하나씩 살펴보죠.

원금 보장은 물가 상승에 대한 고려가 있다면, 손실입니다.

안전 투자는 투자라는 단어 자체가 위험인데, 안전이라는 단어는 말장난입니다.

무손실 투자도 마찬가지로 말장난입니다.

고수익은 결국 자신의 투입 대비 큰 수익이라는 의미인데, 그어떤 조건도 없는 고수익은 사기입니다.

노력한다고 해서 늘 결과가 좋은 것은 아닙니다. 하지만 결과가 좋은 곳에는 늘 노력(에너지)이 있습니다. 발전 가능성은 그결과를 보고 노력을 찾아내고, 내 것으로 만드는 것입니다. 원금 보장, 안전 투자, 무손실 투자, 고수익처럼 금융 문맹에서 헤어 나오지 못하게 하는 단어에 현혹되지 맙시다. 내 자산은 내가 지키고, 불려야 합니다.

02

돈을 맡기면 이자는커녕
오히려 돈을 낸다고? - 마이너스 금리

마이너스 금리란?
금리가 0% 이하인 상태를 말합니다. 예금에 들거나 채권을 매입할 때 그 대가로 이자를 받는 것이 아니라 '보관료' 개념인 수수료를 내야 합니다. 시중 은행은 기준 이상의 돈을 갖고 있으면 중앙은행에 예치해야 하는데, 이때 중앙은행이 예금에 수수료를 부과하기 때문입니다. 마이너스 금리는 시중 은행들이 적극적으로 대출을 하도록 유도해 경기를 부양하고, 인플레이션을 유인하기 위해서 시행되는 정책입니다.

실제로 우리가 예금을 할 때 마이너스 금리를 적용하지는 않습니다. 금리가 마이너스라는 이야기는 결국 물가의 상승이 명목 금리보다 높다는 이야기입니다. 조금 더 쉽게 이야기해봅시다. 금리가 1%인 예금에 돈을 맡깁니다. 1년이 지나면 1%의 이자를 받겠죠. 1년 동안 물가 상승이 2%였다고 하면, 결국 -1%인 실질 금리라고 말할 수 있는 것입니다. 이건 이해를 위해 정말 쉽게 들어본 예입니다.

사실 마이너스 금리를 채택하는 이유는 물가 상승을 유도하는 것입니다. 경기가 좋지 않다는 뜻이죠. 유럽과 일본은 일찌감치 마이너스 금리를 채택하고 경기 부양에 힘쓰고 있지만, 결국 좋은 결과는 나오고 있지 않은 모양새입니다. 왜냐하면 두 나라가 마이너스 금리의 첫 번째 경험자기 때문입니다. 코로나 바이러스를 지나고 있는 지금, 미국에서도 마이너스 금리를 선택하라는 압박이 심해지나 봅니다. 하지만 미국 연방준비제도이사회에서는 마이너스 금리 채택은 전혀 고려하지 않고 있다고 이야기하고 있죠. 저는 결국 미국도 마이너스 금리의 시대로 접어들지 않을까 생각합니다. 왜냐하면 기업의 이익이 너무도 양극화되어 있기 때문에 결국 물가 상승에 대한 압박을 심하게 느끼게 될 것이기 때문입니다.

이제 막연하게 듣기만 했던 마이너스 금리에 대한 궁금증이 좀 풀리셨나요? 마이너스 금리를 적용한 채권을 발행하는 국가들이 늘어나고 있습니다. 2019년 8월 기준 마이너스 금리로 발행된 채권은 17조 달러(2경 500조 원)로 역대 최고치를 기록했다고 합니다. 미국의 GDP가 20조 달러, 중국의 GDP가 13조 달러라면 얼마나 큰 금액인지 아시겠죠? 다음 챕터에서는 과연 이런 마이너스 금리 채권은 누가, 왜 사는 것인지에 대해서 알아보도록 하겠습니다.

03

마이너스 금리 채권은
누가 사는 걸까?

> **마이너스 금리 채권이란?**
> '네거티브 금리 채권'이라고 불리기도 합니다. 만기 시 이자를 받는 것이 아니라 오히려 이자를 떼고 원금을 돌려받는 채권을 말합니다. 현재 채권 가격에 비해 만기 상환 가격이 낮은 채권으로 마이너스 금리(수익률)로 발행됩니다.

아주 쉽게 말하면, 채권을 매입할 때 이자를 제하고 사는 것입니다. 예를 들면 10만 원짜리 채권, 만기는 5년, 금리는 연 -1%라고 하면, 아예 살 때 -5% 할인한 가격인 10만 5,000원에 사는 것입니다. 물론 5년 후 만기 때는 10만 원을 받게 되겠죠. 그러면 어떤 바보가 이런 말도 안 되는 채권을 살까요? 처음 살 때부터 밑지는 장사를 하는 이유는 무엇일까요?

(단위 : 조 달러)

2014년 말	2015년 말	2016년 말	2017년 말	2018년 말	2019년 말
3.2	3.7	8.0	8.3	8.3	14.8

출처 : 블룸버그(Bloomberg)

2019년 9월 말 15조 달러에 가까운 금액이 마이너스 금리 채권으로 발행되었습니다. 누군가 15조 달러의 채권을 매입했다는 의미이기도 합니다. 아무도 안 살 것 같던, 사면 바보라고 생각했던 상품이 중국의 GDP보다 큰 금액만큼 형성되어 있습니다. 누가 이런 바보 같은 짓을 하는지 알려드리겠습니다.

연금펀드, 보험사

노령인구에게 지급해야 할 부채는 매우 긴 시간이 걸리는 장기 부채입니다. 장기 부채를 현금자산으로 갖고 있을 기관은 아무도 없겠죠. 그렇다면 장기 채권이 필요하기 때문에 무조건 마이너스 금리 채권을 사게 됩니다. 안전 자산의 의미로 갖고 있는 것이죠. 지금도 연금펀드와 보험사는 계속해서 채권을 사고 있습니다. 물론 다른 곳에 투자도 하죠. 하지만 모든 자산을 위험 자산으로 갖고 있는 것은 큰 리스크입니다. 따라서 마이너스 금리라 해도 채권을 사는 것입니다.

투기 세력, 안전 자산 수요자

장기적으로 결국 수익이 날 것이라고 보는 투기 세력이나, 보유해서 만기가 돌아오면 무조건 상환이 가능한 안전 자산을 원하는 사람들이 마이너스 금리 채권을 사게 됩니다. -1%의 마이너스 금리 채권을 샀는데, 경기가 더 좋지 않아서, 물가 상승이 더 낮아진다면, 결국 -2%의 마이너스 금리 채권이 발행됩니다. 그러면 -1%의 채권은 -2%의 채권보다 더 비싼 값에 팔 수 있겠죠. 채권의 금리와 수익률은 반비례입니다. 채권의 금리가 떨어지면 채권 수익률은 올라가죠. 왜냐하면 채권은 금리가 떨어질수록 떨어지기 이전의 금리로 발행된 채권이 더 비싸게 팔리기 때문입니다. 따라서 투기 세력은 더욱 금리가 떨어질 것으로 예상해서 마이너스 금리라도 계속 사는 것입니다. 그리고 안전 자산 수요자는 위험 자산으로 리스크를 안고 가는 것보다 차라리 마이너스 금리라도 상대적으로 안전한 채권을 보유하려고 합니다.

04

외인, 기관,
개인은 누구?

- 외인은 헤지펀드, 외국계 금융회사 등 외국 국적의 법인(기관)을 말합니다.
- 기관은 금융 투자, 보험, 투자신탁, 은행, 연기금 등 여러 종류의 기관을 말합니다.
- 개인은 지금 책을 읽고 있는 독자, 저와 같은 개인 투자자를 말합니다.

외인은 보통 외국인 기관 투자자를 말합니다. IB(Investment Bank)라고도 합니다. 기관 투자자가 아닌 외국인의 비율은 극히 드물기 때문에 외국의 IB라고 생각하셔도 무방합니다.

기관은 금융 투자, 보험, 투자신탁, 은행 등입니다. 보험사와 은행도 투자를 한다는 것에 의문을 가질 수도 있지만, 보험사와

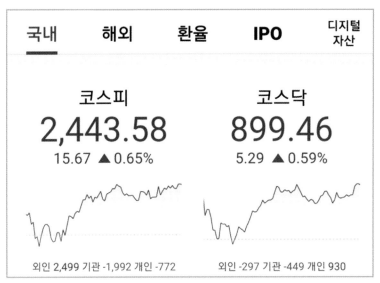

〈자료 68〉 외인, 기관, 개인의 매수 매도를 표시한 지수

은행도 위험 자산에 투자하는 비중이 있습니다. 고객이 맡긴 돈에 이자를 붙여 돌려줘야 하는데, 대출 이자만으로는 감당하기 힘들기 때문에 부동산, 주식 투자가 없이는 불가능합니다. 이외에도 국민연금을 기반으로 하는 연기금, 공무원연금, 군인연금, 사학연금 등도 기관 투자자로 분류할 수 있습니다.

한국 주식 시장은 외인의 자금이 상당히 많은 비중을 차지하고 있습니다. 따라서 수급의 주체가 외인이나 기관인 종목은 주식 가격 상승의 가능성이 큽니다. 아무래도 큰 자금을 운용하기 때문입니다. 반면에 개인이 수급의 주체인 종목은 상대적으로 상승의 가능성이 적습니다. 하지만 이번 코로나 바이러스로 인해서 이 고정관념이 철저히 무너지는 상황이 왔습니다. '동학개미운동'이라는 이름 아래 수급의 주체가 개인이 되어 주식 가격의 상승을 만들어내는 일들이 벌어졌습니다. 앞으로 한국 주식시장의 주체가 누가 될 것인지는 시간이 더 지나봐야 알겠지만, 개인이 수급의 주체가 될 수 있다는 가능성을 보여준 것만으로도 큰 의미를 둬야 하지 않을까 생각합니다.

14주 완성! 평생 주식 투자 습관 만들기
주린아, 주식은 사 모아서
리밸런싱만 하면 되는 거야

제1판 1쇄 | 2021년 1월 5일
    2쇄 | 2021년 2월 9일

지은이 | 제이폼(김한결)
펴낸이 | 손희식
펴낸곳 | 한국경제신문*i*
기획제작 | (주)두드림미디어
책임편집 | 우민정   디자인 | 디자인 뜰채 apexmino@hanmail.net

주소 | 서울특별시 중구 청파로 463
기획출판팀 | 02-333-3577
E-mail | dodreamedia@naver.com
등록 | 제 2-315(1967. 5. 15)

ISBN 978-89-475-4670-6 (03320)

한국경제신문*i* 재테크 도서목록

㈜두드림미디어 카페(https://cafe.naver.com/dodreamedia)